25세부터 시작하는 강성친 프로젝트

25SAI KARANO 10NENDE KAISHANI MAKENAI JIBUNWO TSUKURU
by Shibata Reiji

Copyright ⓒ 2006 by Shibata Reiji
All rights reserved.
Original Japanese edition published by Diamond, Inc.
Korean translation rights ⓒ 2006 by ISON Publishing Co.
Korean translation rights arranged with Diamond, Inc., Tokyo
through EntersKorea Co., Ltd.

이 책의 한국어 판 저작권은 (주)엔터스코리아를 통한
일본의 Diamond, Inc.와의 독점 계약으로 이손이 소유합니다.
신 저작권법에 의해 한국 내에서 보호를 받는 저작물이므로
무단 전재와 무단 복제를 금합니다.

ison

25세부터 시작하는 **경쟁력** 프로젝트

초판 인쇄 2009년 11월 1일
초판 발행 2009년 11월 10일

지은이 시바타 레이지 **옮긴이** 신동기 · 이민신
펴낸이 이승호 **펴낸곳** 이손
등록번호 제2-2246호 **등록일자** 1996년 9월 10일
주소 122-050 서울시 은평구 갈현동 431-1번지 3층
전화 02 2269 0895 **팩스** 0303 3442 0895
e-mail editress@empal.com

ISBN 978-89-87095-86-8 03320

잘못된 책은 본사나 구입하신 서점에서 바꿔드립니다.

25세 부터 시작하는
경쟁력 프로젝트

시바타 레이지 지음 신동기 · 이민신 옮김

이손

25세부터 시작하는 강점형 프로젝트

옮긴이 글

아이들이 스무 살이 넘어 성인이 되면 부모들은 대견스러워하면서도 한편으로 아쉬운 생각이 많이 든다. 지금 아이를 낳아 기른다면 훨씬 더 잘 키울 수 있을 것 같다는 생각이 드는 것이다. 하지만 아이 키우기에는 연습이 없다.

직장 생활도 마찬가지이다. 10년 이상 직장 생활을 하고 마흔이 넘으면 아쉬운 생각이 많이 든다. 다시 대학을 졸업하고 사회생활을 한다면 더 잘할 수 있을 것 같은데 안타깝게도 삶에 연습은 없다.

시바타 레이지가 쓴 이 책은 사회생활을 시작하는 새내기 사회인들이나 20대와 30대 직장인들에게 너무나 소중한 내용을 담고 있다. 직장 생활과 사회생활을 하는 과정에서 누구나 겪게 되는 여러 가지 상황과 문제를 자신의 삶을 성장시키는 계기로 만들고 밑거름으로 삼는 많은 지혜가 담겨 있기 때문이다.

호텔 웨이터로 사회생활을 시작해 젊은 나이에 외국계 컨설팅 회사의 일본 법인 대표이사 사장직을 포함해 여러 가지 직책을 맡고 있는 지은이는 태도가 한 사람의 삶을 어떻게 향상시키는지를 생생하게 보여준다. 독자들은 책을 읽는 동안 작은 습관과 작은 원칙 하나가 삶의 내용을 얼마나 바꿔놓는지 실감하게 될 것이다.

삶의 진리는 그리 높은 곳이나 어려운 말 속에 있지 않다. 우리 주위에, 그리고 앞서 그 길을 간 사람들이 아무것도 아닌 듯 흘리는 말 속에 있다. 지은이가 책에서 강조하듯이 20대 중반부터 30대 중반까지 10년 동안 몇 가지 작은 원칙을 설정해 지켜나감으로써 우리는 자신의 삶을 주도적으로 더욱 의미 있게 만들 수 있다.

인생에 연습은 없다. 복기와 예습만이 있을 뿐이다. 그러나 대부분의 사람들이 그렇듯 지나고 난 뒤 복기하는 것은 현명하지 않은 방식이다. 회한과 아쉬움만 있을 뿐이기 때문이다.

예습은 모범적으로 앞서 간 사람들의 말과 행동을 마음을 열고 깊이 받아들이는 것이다. 그리고 그것을 자신의 원칙으로 삼아 삶을 튼실하게 만들어가는 것이다.

지은이의 편안한 문장을 따라가다 보면 독자들은 자신도 모르는 사이에 적은 노력으로 큰 삶의 밑거름을 얻을 것이다. 이것이야말로 한 권의 책이 주는 축복이다. 또한 이 책을 만난 것은 행운이다.

신동기

들어가는 글

25세부터 10년이 인생을 결정한다

나는 인사·조직을 전문으로 하는 외국계 컨설팅 회사를 경영하고 있다. 외국계 컨설팅 회사는 요즘 젊은이들에게 상당히 인기 있는 직종이다. 그야말로 엘리트 코스를 밟아온 사람들이 포진한 직종으로 인식되고 있기 때문이다. 하지만 적어도 내 경우는 좀 달랐다.

학생 시절을 돌이켜보면, 나는 졸업하고 컨설턴트가 되겠다거나 한 기업을 이끄는 사장이 되겠다는 생각을 해본 적이 단한 번도 없다. 좋아하는 일만 찾아다니며 한창 자유롭게 생활하던 대학교 3학년 때는 직접 극단을 만들어 운영하기도 했고, 라디오 프로그램 각본을 직접 쓰거나 연출을 하기도 했다. 이러한 경험을 하면서 나중에 드라마 만드는 일을 하고 싶다는 꿈을 가졌다.

그후 나는 내가 만든 극단의 연극을 관람하러 온 한 관객의 추천으로 영상물을 제작, 배급하는 회사에 응시해 합격했다. 그런데 입사일 바로 전날 회사 측으로부터 갑자기 입사 결정이 취소되었다는 통보를 받았다. 내가 특별히 실수를 했거나 잘못해서 그런 게 아니었다. 전적으로 회사 측 사정에 의한 것이었다.

드라마 만드는 일을 하겠다는 꿈을 향해 첫발을 내딛는 소중한 기회라고 굳게 믿고 있던 나에게 이 소식은 마치 그들이 내 인생의 사다리를 빼앗아간 것 같은 큰 충격을 주었다. 하지만 불행 뒤에는 으레 행운이 따르는 법이라고 했던가. 그 회사에 가기로 결정하고 퇴짜를 놓았던 다른 회사에 사정해서 어렵게 일자리를 하나 얻었다. 드라마 만드는 일과는 아무런 관련이 없는 호텔 업무였다.

이런 우여곡절을 겪으면서 나는 전혀 예상하지 않았던 곳에서 사회인으로서의 삶을 시작하게 되었다. 내가 처음 맡은 일은 호텔 연회장에서 음식 서비스를 하는 웨이터였다. 나는 이렇게 사회생활을 시작했고 여러 가지 어려움과 경험을 거쳐 지금은 외국계 업체의 대표이사 사장으로 일하고 있다.

인생이든 기업 경영이든 뜻밖의 일의 연속이다. 특히 젊을 때는 자신이 원하지 않는 방향으로 가는 경우가 많다. 자신이 기대한 것과 다르다고 해서 절망하거나 포기한다면 그 순간 한 인간으로서의 성장이 멈춰버린다.

"스물다섯 살부터 서른네 살까지 10년이라는 시간은 굉장히 소중하다." 내가 젊은이들에게 자주 하는 말이다. 조직이라는 틀 안에서 이야기하자면, 30대 중반이 되면 부하 직원을 책임지는 자리로 승진하면서 작은 조직의 리더가 된다. 이렇게 리더가 되기 전까지 스스로 얼마나 준비했느냐에 따라 앞으로의 삶이 크게 달라진다. 충분히 준비되지 않은 상태에서 리더가 되었다면 그 사람의 사회생활은 어려워질 수밖에 없고 아울러 그 사람이 이끄는 조직은 혼란에 빠지게 된다.

스물다섯 살부터 서른네 살까지 10년 동안, 자신이 노력한 만큼 결과가 나오지 않는 경험을 끊임없이 하게 된다. 하지만 그러한 시련으로부터 분명 무언가를 배우게 된다. 이 10년 동안 겪은 경험과 만난 사람들로부터 무엇을 배우고 깨닫느냐에 따라 30대 중반 이후의 삶이 달라진다.

첫 직장 생활을 시작으로 전혀 예상치 못한 일의 연속이었던 사회생활을 통해 나는 다양한 경험을 했고 여러 사람들을 만났다. 지루하고 견디기 힘든 경험도 있었고 도무지 좋아할 수 없는 사람과 일해야 할 때도 있었다. 하지만 아무리 견디기 힘든 경험도 훗날 돌이켜보면 참고할 만한 점이 있었고, 아무리 싫어했던 사람에게서도 반드시 배울 점이 있었다.

내가 회사 생활을 하면서 겪은 여러 가지 경험과 그로부터 배운 것들을 한데 묶은 것이 바로 이 책이다. 이 책이 현재의 자신에 대해 불만스럽고, 미래의 자신에 대해 불안해하는 많은 젊은이들에게 한 줄기 빛이 될 수 있다면 더할 나위 없이 기쁠 것이다.

시바타 레이지

옮긴이 글 5

들어가는 글 25세부터 10년이 인생을 결정한다 8

프롤로그 졸업 후 첫 번째 결정이 인생을 바꾼다 17

내가 좋아하는 일을 찾아라 / 취직은 계획대로 되지 않는다 /

부정적인 생각은 5분 내로 지운다

1장 장애물 뛰어넘기

1. 입사 후 1년, 죽도록 고생하기 32

입사 후 특별 대우는 없다 / 누구에게나 힘든 시절이 있다

2. 현재와 미래 분리하기 40

최고의 기량으로도 2등 할 수 있다

3. 모래가 다이아몬드로 바뀔 수 있다고 믿기 45

변화 앞에서 망설이지 않기 / 기회는 허드렛일에서부터 시작된다 /

기회는 빛나는 모습으로 찾아오지 않는다

4. 싫어하는 일 먼저 하기 54

내 일에 값을 매기지 마라 / 나에게 맞지 않는 일은 없다

5. 할 수 있는지는 해보고 판단하기 59

확신이 두려움을 이긴다

2장 롤모델 찾기

6. 멋있는 사람 따라하기 64

미래에 되고 싶은 사람을 찾아라

7. 정보는 매일 업그레이드하기 69

정보는 반드시 검증한다 / 결정할 때는 외톨이가 돼라

8. 낯선 나라에 혼자 가기 76
낯선 문화가 강심장을 만든다

9. 모임을 만들고 이벤트 벌이기 80
귀찮은 일을 꾸며라

10. 일 잘하는 사람 따라잡기 83
경쟁을 통해 배워라

11. 주위 사람들로부터 장점 한 가지씩 배우기 88
좋다고 생각되는 것은 자기 것으로 만들어라

3장 스승 만들기 ■ ■ ■ ■ ■ ■ ■ ■ ■ ■ ■ ■ ■ ■ ■

12. 별난 상사들과 잘 지내기 94
지시받은 일의 플러스 알파를 해라

13. 책상 앞을 벗어나 발로 뛰는 습관 100
설득 대상을 먼저 파악한다

14. 쉬운 사람 되기 105
어려운 것을 쉽게 말하는 법 / 내가 있을 자리는 어디인가 /
당신이 내 입장이라면?

4장 리스크 감수하기 ■ ■ ■ ■ ■ ■ ■ ■ ■ ■ ■ ■ ■ ■

15. 남의 이익을 위해 위험 무릅쓰기 114
본질적인 문제 제기하기 / 한번 내뱉은 말 책임지기

16. 회의에서 가장 먼저 손 들기 121
회의에서 무조건 발언하기 / 생각은 2분 내로 정리한다

17. 괴롭히는 선배와 대화하기 128

곤란한 요구에 대처하는 법 / 상대방의 사정거리 안에 먼저 뛰어드는 용기

18. 틀부터 짜는 습관 135

19. 눈에 띄는 자리 찾기 138

내 가능성을 키울 수 있는 곳

20. 능력 차이는 속도 차이 142

이메일과 메모는 보는 즉시 처리한다 / 시간이 해결해 주지 않는다

21. 한 단계 점프, 자격증 따기 146

22. 질문하는 습관 들이기 149

질문, 상황을 파악하는 법

5장 회사와 친해지기 ■■■■■■■■■■■■■■■

23. 회사와 나는 동등하다 154

면접관을 면접 보다 / 회사가 좋아하는 나, 내가 좋아하는 회사

24. 인간관계 단순화하기 160

분위기에 휘말리지 않기

25. 사람 먼저 생각하기 163

조직의 논리와 개인의 논리

26. 엘리트보다 강한 사람 되기 168

한 명의 CEO, 백 명의 CEO / 내 생각대로, 내 방식대로

6장 함께 일하기 ■■■■■■■■■■■■

27. 나는 너를, 너는 나를 응원하기 176

사내 동아리에 적극 참여한다 / 궁금한 게 많은 사람

28. 팀워크, 나와 다른 것 받아들이기 182

주장은 하되 고집은 버려라

29. 내 방식 버리기 187

연 날리기 매니지먼트

30. 쉽게 어울리기 191

과거의 기준은 버려라

31. 얼굴 맞대고 일하기 194

절대 시간 공유의 법칙

32. 한 달에 한 번 거리낌 없이 말하기 197

7장 리더 준비 ■■■■■■■■■■■■■■■■■■■■■■■

33. 실패 끌어안기 200

리더의 자리가 편한가 / 나는 당신을 위해 일한다

34. 스스로 리더 되기 205

나서는 사람이 주목받는다

35. 꿈을 가진 열혈 리더 208

10년 후를 그려라 / 찬란한 내일을 보여주는 사람

에필로그 생각대로 감각대로 212

자신의 직감을 믿고 움직여라

25세배 시자하는 장해들 프로젝트

프롤로그

졸업 후 첫 번째 결정이
인생을 바꾼다

1985년 3월 31일, 나는 음악과 연극에 심취했던 대학 생활을 마무리하고 드디어 첫 출근을 기다리고 있었다. 내일이면 신입 영상 디렉터로서 새로운 생활이 시작된다.

나는 드라마를 만들겠다는 내 꿈을 향해 한 걸음 더 가까이 다가간다는 생각에 흥분을 가라앉히지 못했다. 들뜬 마음에 일찍 눈이 떠진 탓에 일찌감치 아침을 먹고 음악을 들으며 마음을 가다듬었다. 그때 전화벨이 울렸다. 내일부터 출근하게 될 X회사의 인사 담당 Y씨였다.

"갑자기 전화 드려 죄송합니다만 지금 회사로 나와주실 수 있겠습니까?"

Y씨의 어두운 목소리가 마음에 걸렸지만 입사 후의 일정이나 업무 내용에 관한 일이겠거니 하고 선뜻 "예, 알겠습니다. 지금 바로 가겠습니다"라고 대답했다.

X회사에 도착해 곧바로 안내된 응접실에서 기다리고 있는데 잠시 후 Y씨가 들어왔다. 나는 Y씨를 보자마자 자리에서 일어나 "안녕하세요?"라고 예의를 갖춰 인사했다. Y씨는 굳은 표정 그대로 맞은편 의자에 앉았다. 그리고 Y씨의 입에서 흘러나온 것은 꿈에서조차 생각지 못했던 말이었다.

"이런 말을 전해야 하는 저도 마음이 편치 않습니다만 입사가 취소되었습니다. 정말 죄송합니다."

그 순간 나는 할 말을 잃었다. 한동안 Y씨가 무슨 말을 하고 있는지조차 이해하지 못했다. 입사일 바로 전날 갑자기 회사로 부르더니 이렇게 일방적으로 내정을 취소하는 이런 황당한 경우는 듣도 보도 못한 일이었다. 이런 일이 지금 나에게 일어나고 있다는 현실을 도무지 받아들일 수 없었다.

내가 그렇게 혼란스러워하는 중에도 Y씨는 끊임없이 "일이 이렇게 돼서 정말 죄송합니다"라며 거듭 사과했다. 그제서야 나는 겨우 정신을 차리고 물었다.

"아니, 도대체 어떻게 된 일입니까? 제가 무슨 실수라도 한 겁니까?"

그러자 Y씨가 대답했다.

"그런 것이 아닙니다. 이 일은 전적으로 회사 측 사정에 의해 결정된 것입니다. 정말 죄송합니다."

영상물 제작업계에서는 모르는 사람이 없을 정도로 큰 규모와 영향력을 자랑하는 X회사가 진작 확정된 입사 결정을 출근 전날 갑자기 취소한다는 것을 도무지 이해할 수 없었던 나는 끈질기게 이유를 물었다. 그러자 Y씨가 사정을 실토했다.

"원래는 젊은 사람들로 구성된 크리에이터팀을 하나 만들기로 했는데 회장님께서 갑자기 뜻을 바꾸셨습니다. 위에서 내려온 지시라 저도 어쩔 수가 없습니다. 정말 죄송합니다."

무릎이라도 꿇을 자세로 연신 고개를 숙이는 Y씨에게 더 이상 아무 말도 할 수 없었다.

나는 악몽이라도 꾸는 듯한 기분으로 회사를 빠져나와 아무 생각 없이 발길 가는 대로 걸었다. 아무리 생각해 봐도 이런 부당한 경우는 납득할 수도, 상상할 수도 없었다. 마치 나의 미래가 순식간에 물거품처럼 사라져버린 듯했다.

다른 회사를 거절하고 X사에 입사하기로 결정했을 때, 부모님과 친구들 모두 반대하면서 다시 한번 생각해 보라고 권했다. 하지만 나는 주위에서 누가 뭐라고 하든 내 의지대로 밀고 나갔다. 그랬던 내가 이제 와서 X사 입사가 취소됐다면서 친구들을 찾아가 위로를 받을 수는 없는 노릇이었다. 결국 모든 게 내 책임이었다.

부모님은 언제나 곁에서 조용히 지켜보며 내 결정과 의지를 존중해 주셨다. 그런 부모님 밑에서 자라면서 고등학생 때나 대학생 때도 내가 좋아하는 일이라면 무엇이든 하고 싶은 만큼 하면서 살았다. 그런 나의 학창 시절이 이렇게 마무리될 수는 없다는 생각이 들었다. 뇌리를 파고드는 여러 가지 비관적인 생각들과 함께 머릿속에서 대학 시절의 추억들이 주마등처럼 스쳐 지나갔다.

내가 좋아하는 일을 찾아라

나는 남자고등학교를 다니면서 교내 합창부에서 활동했다. 당연히 주위에는 온통 남자들뿐이었다. 그래서 대학생이 되면 꼭 테니스부 같은 동아리에 들어가 여학생들과 함께 어울리면서 화기애애하고 재미있게 보내야겠다고 생각했다.

대학에 입학해 캠퍼스를 거니는 예쁜 여대생들을 보며 테니스부에 들어가 멋지게 대학 생활을 해야겠다고 다시 한번 다짐했다. 테니스부 설명회를 앞두고 나는 테니스복과 운동화를 구입하고 나름대로 멋을 내려고 파마까지 했다. 테니스부 설명회가 있는 날, 한껏 멋을 내고 길을 나섰던 나는 운 나쁘게도 고등학교 때 합창부 선배를 만났다.

"어, 시바타! 어디 가는 거야? 잠깐 볼까."

나는 등을 떠밀려 선배가 활동하고 있는 동아리방으로 끌려갔다. 합창부였다. 나는 부원들의 뜨거운 환영을 받으며 바로 그날 합창부에 들어갔다. 머릿속으로는 '고등학교 때부터 해온 합창은 이제 지긋지긋해'라는 생각밖에 없었다.

그러나 전국 각지에서 모인 실력 있는 학생들과 함께 활동하다 보니 시간이 지나면서 곧 합창부 생활에 빠져들었다. 마트 이벤트, 결혼식 축가, 홍보용 전단 뿌리기 등 아르바이트로 부원 모두 함께 여러 지역을 돌며 노래를 부르고 다녔던 일은 지금까지 즐거운 추억으로 남아 있다.

대학 3학년 때는 합창부 부회장이 되어 매니저 역할을 도맡아 했다. 그대로 계속 활동했다면 4학년 때 합창부 전체를 책임지는 회장이 되었을 것이다. 그러나 당시 나에게는 꼭 하고 싶은 일이 하나 있었다. 바로 연극이었다.

나는 3학년 때 합창부 부회장과 매니저를 겸하면서, 한 연극 극단에서 주최하는 오디션에 응시했다. 교내 연극부가 아니라 교외의 세미프로 극단이었는데, 운 좋게도 오디션에 합격해 그 극단에서 활동하게 되었다.

시작했을 당시에는 합창부 활동도 병행했다. 하지만 본격적으로 연극 연습을 하게 되면서 두 가지 활동을 다 할 수 없었다. 나는 결국 합창부 정기 공연이 끝날 무렵 부회장과 매니저 역할을 포기하고 연극 활동에만 매진하기로 했다.

합창부 부원들은 부회장이었던 내가 동아리 활동을 그만두는 것에 대해 크게 실망했고 그로 인해 나 역시 마음고생을 많이 했다. 하지만 나는 이때가 아니면 연극을 할 기회가 없을 거라는 생각이 들었다.

세미프로 극단에서는 배우로 활동했다. 신출내기여서인지 맡은 역할은 주로 야쿠자나 매춘부 같은 역이었다. 극본을 쓰거나 연출과 관련된 일을 하고 싶었지만 이제 겨우 극단에 들어간 나에게 그런 일을 맡길 리 없었다.

그러다 문득 "내가 직접 극단을 만들면 극본은 물론 연출도 내 마음대로 할 수 있는 것 아닌가"라는 생각이 들었다. 일단 극단을 만들기로 작정한 나는 서둘러 준비에 나섰다. 준비 기간이 워낙 짧아 불안과 조바심 속에 '유포리아'라는 극단을 창단했다. 극단을 만들자 다음 단계로 단원 확보에 들어갔다. 나와 나이는 같지만 재수를 해서 1년 후배로 철학과에 입학한 F를 설득했다.

F는 자주색 셔츠와 검은색 가죽 바지를 입고 다니는 멋쟁이였다. 자기가 한 유머에 자기가 먼저 웃음을 참지 못하는 낙천적인 성격이었다. 그런 F와 함께 이야기하다 보면 언제나 여러 가지 아이디어들이 갑자기 머릿속에서 샘솟곤 했다. 그래서 나는 자꾸 나로부터 도망치려는 그 친구를 쫓아가 설득하고 잡아오기를 수십 번, 결국 F를 유포리아 극단 창단 멤버로

이름을 올렸다. 얼마 지나지 않아 F는 우리 극단에서 없어서는 안 될 핵심 단원이 되었다. 결국 F는 대학 생활 대부분을 나와 함께 극단에서 보내다시피 했다.

같은 대학교 학생들로만 극단을 구성하는 것은 재미도 다양성도 없을 것 같아 다른 학교 학생들도 입단시키기로 하고 정식으로 오디션을 열었다. 주변에 개성 강한 괴짜 친구가 있으면 그 친구를 설득해 입단시키고, 그 친구로부터 다른 괴짜 친구들을 소개받기도 했다. 개성 넘치는 그런 친구들은 회사 같은 조직에는 적응하지 못할 것 같았다. 실제로 유포리아에서 함께 활동한 단원들 중에 졸업 후 틀에 박힌 직장 생활을 하는 샐러리맨이 거의 없었다.

극단을 만든 뒤 나는 직접 대본을 쓰고 연출을 맡아 두 달에 한 번 꼴로 작은 극장에서 공연을 했다. 처음에는 어설픈 부분이 많아 걱정을 많이 했다. 그러나 단원 모두 아직 20대 젊은 이들이어서 서로 함께 몰입하다 보니 금방 모양새를 갖출 수 있었다. 자연스럽게 극단에 대한 평가도 점점 좋아졌다.

대학 생활 마지막 해 12월이었다. 긴자의 미유키 극장에서 '대학 연극 페스티벌'이 열린다는 소식을 듣고 우리 유포리아 극단은 실력도 시험해 볼 겸 그 대회에 참가하기로 했다. 운 좋게도 우리는 결승전까지 올라갔고 결국은 두 번째 큰 상인 우수상을 받았다. 덧붙여 말하면 그때 최우수상을 받았던 극단 '캐러멜박스'는 지금 티켓을 구하기 힘들 정도로 인기 있는 극단이 되었다.

연극 페스티벌 결승전에는 연극과 관련 있는 직종에 종사하는 사람들이 많이 참석했다. 나는 그 자리에 참석한 한 관객으로부터 라디오 드라마 제작을 해보는 게 어떻겠느냐는 제안을 받았다.

나는 기꺼이 그 제안을 받아들였다. 성우들이 목소리로 연기하는 라디오 드라마를 완성하기 위해 나는 정성껏 각본을 쓰고 연출을 기획했고, 음악은 친구의 도움을 받아 진행했다.

비록 일주일짜리 짧은 라디오 드라마였지만 그 어떤 일보다 흥분되고 재미있었던 소중한 경험이었다. 보수로 40만 엔이라는 거금도 손에 쥐었다. 그 돈을 보면서 나는 '내가 좋아하는 드라마 만드는 일을 하면서 이렇게 큰돈도 벌 수 있다'는 것이 신기했다.

취직은 계획대로 되지 않는다

내가 극단 활동에 정신이 팔려 있는 동안 4학년 동급생들은 모두 취업에 몰두해 있었다. 그 당시 일본 경제는 호황을 맞고 있었다. 동급생들은 소위 말하는 대기업에 하나둘 취직이 확정되었다. 나는 '많은 사람들이 저쪽으로 간다면 그 반대쪽으로 간다'는 식으로 생각하고 행동하는 때가 많았다.

남들 가는 대로 따라가는 것이 왠지 싫었다. 당연히 다른 친구들처럼 대기업에 취직할 생각은 조금도 없었다. 그렇다고 해서 딱히 가고 싶은 회사가 있었던 것은 아니다. 솔직히 당시 서둘러 취직을 할 동기나 의욕이 특별히 없었다. 요즘 시대 같았더라면 그냥 아르바이트로 생계를 해결하면서 극단 활동을 계속했을 것이다.

하지만 내가 대학에 다니던 시절에는 대학을 졸업한 뒤 아르바이트로 생활해 나간다는 것은 정상적인 생활 방식에서 벗어난 것이었다. 학교를 졸업하면 누구나 회사에 취직하는 것이 당연했다. 나는 대학까지 보내주신 부모님을 생각해서라도 일단은 입사 시험을 보기로 했다.

첫 입사 시험을 보러 간 회사가 게이오프라자 호텔이었다. 하지만 처음부터 취업을 해야겠다는 강한 의지가 없었기 때문에 조금도 긴장되지 않았다.

면접 때 나는 "호텔은 극장이라고 생각합니다"라는 말로 시작해 "호텔에는 객실과 연회장, 레스토랑이 있지만 또 다른 수입원을 찾지 않으면 다른 호텔과의 경쟁에서 뒤처지게 될 겁니다"라는 등 건방진 말들을 늘어놓기도 했다. 하지만 어떻게 된 일인지 게이오프라자 호텔로부터 예정보다 빨리 입사 통지를 받았는데, 그때가 4학년 여름이었다.

하지만 나는 호텔에서 일할 생각이 전혀 없었기 때문에 10월에 한 방송국에 입사 시험을 봤다. 그 방송국은 당시 수년간 인기 많고 유명한 드라마를 여러 편 만든 곳이었다.

면접관이 "입사하면 어떤 일을 하고 싶습니까?"라고 질문했을 때 나는 당연히 "드라마 만드는 일을 하고 싶습니다"라고 대답했다. 그리고 마이크 테스트에서 면접관이 피에로가 스튜디오에서 춤추는 영상을 보여주며 설명해 보라고 요구했다. 나는 이상하다는 생각이 들어 마이크 테스트를 마친 후 면접관에게 "이건 무슨 시험입니까?"라고 물어보았다. 그는 "보도 기자 시험입니다"라고 대답했다.

"저는 보도 기자를 지망한 게 아닙니다만……."

"드라마 만드는 일을 하고 싶다는 본인의 의사는 참고하겠지만, 입사하자마자 그런 일을 맡기지는 않습니다. 처음에는 누구나 보도 기자와 같은 역할부터 시작합니다."

"알겠습니다. 그럼 실례하겠습니다."

나는 그 길로 곧장 집으로 돌아왔다. 옳은 행동은 아니었지만 당시 내 머릿속에는 '내가 하고 싶은 일을 하지 못한다면 무슨 의미가 있는가'라는 생각뿐이었다.

취업을 앞두고 아무런 결정도 내리지 못하고 있던 어느 날, 연극 콩쿠르와 라디오 드라마를 통해 나를 알고 있던 회사에서 연락이 왔다. 영상물 콘텐츠를 제작 배급하는 X사였다. 회장의 특별 지시로 영상물 제작을 위한 크리에이터팀을 만드는데 모두 이삼십대 젊은 사람들로만 구성하니 함께 일해 보자는 제안이었다. 대우도 계약직으로 연봉 500만 엔 정도를 보장해 준다고 했다.

연봉 500만 엔이면 당시 갓 대학을 졸업한 신입 사원에게는 굉장히 파격적인 대우였다. 나는 바로 X회사 인사 담당자를 만나 내가 할 일과 구체적인 채용 조건 등에 대해 이야기를 나누었다. 그리고 정식으로 계약한 것은 아니었지만 구두로 '합격'했다는 말을 듣고 구체적인 출근 날짜까지 확정 지었다.

나는 집에 오자마자 바로 게이오프라자 호텔에 전화를 걸어 입사하지 않겠다고 통보했다. 하지만 내 확고한 의지와 달리 가족들은 영상 디렉터라는 직업은 불안정하다며 걱정했고, 극단 친구들도 대부분 내 결정에 반대했다.

"그런 회사에 입사하면 복사나 하고 이리 뛰고 저리 뛰면서 심부름밖에 못 할 거야. 적어도 5년 또는 10년은 지나야 겨우 드라마를 만들 수 있을 거야"라는 말도 많이 들었다. 당시 사귀던 여자 친구조차 내 결정에 반대했다.

나는 주위 사람들의 반대를 무릅쓰고 내 입장을 고수했다. '내가 하고 싶은 일을 향해 꾸준히 노력하다 보면 언젠가는 길이 뚫리게 되어 있다'는 확고한 의지 하나로 입사일을 기다렸다. 그런데 출근 전날 입사가 취소되었다.

부정적인 생각은 5분 내로 지운다

입사가 취소되었다는 통보를 듣고 무작정 X사를 빠져나온 나는 정신없이 걸었다. 어디로 얼마나 걸었는지 알 수 없었다. 정신을 차리고 보니 도요가와의 한 신사 근처였다. 고개를 들어보니 신사 뒤편으로 빼곡히 들어선 고층 빌딩들이 보였다. 그 많은 빌딩 중 하나가 게이오프라자 호텔이었다.

나는 갑자기 현실로 돌아왔다. '그래, 내가 거절하기는 했지만 게이오프라자 호텔에서 나를 뽑은 것이었으니 눈 딱 감고 전화 한번 해보자.' 3월 31일 오후 4시경, 근처 공원의 공중전화 부스에 뛰어들어가 게이오프라자 호텔의 인사 담당자에게 전화를 걸었다.

내가 퇴짜를 놓은 회사에 첫 출근하기 바로 전날이었다. 전화하는 나 스스로가 어이없기도 했지만 지푸라기라도 잡는 심정이었다. 물론 '지금 부탁해도 무리일 거야'라든지 '창피하게 이게 뭐야'라는 생각에 망설인 것도 사실이다. 하지만 주위 사람들 모두 반대했던 회사가 입사를 취소한 상황에서 그들에게 달려가 도움을 청할 수는 없는 일이었다. 가능성이 없다 해도 한번 끝까지 부탁해 보는 수밖에 없다는 생각에 창피함을 무릅쓰고 전화를 걸었던 것이다.

예상했던 대로 전화를 받은 인사 담당자는 별로 달가워하지 않는 눈치였다. 하지만 나는 죽을 각오로 부탁했다.

"대졸 대우를 안 해주셔도 좋습니다. 무엇이든 맡겨만 주신 다면 열심히 일할 자신 있습니다. 그러니 채용만 해주십시오."

그러자 인사 담당자가 할 수 없다는 투로 말했다.

"지금 당장 회사로 오세요."

서둘러 회사로 뛰어가니 인사총무 부장인 A씨가 기다리고 있었다. "입사 거절은 없던 일로 하고 대졸 대우도 해드리죠" 라는 A씨의 말에 나는 세상에 태어나 가장 큰 안도의 한숨을 내쉬었다. 나중에 알고 보니 A씨는 내가 면접에서 "호텔은 극장이라고 생각합니다"라고 말했을 때 나를 눈여겨보던 면접관 중 한 명이었다. 결국 나는 우여곡절 끝에 A씨의 도움으로 다시 입사하게 되었고, 바로 그 다음 날인 4월 1일에 예정되었던 입사식에 참석하게 되었다.

살아가면서 심심치 않게 예상치 못했던 우연한 일에 맞닥뜨리게 된다. 좋은 것도 있고 좋지 않은 것도 있을 것이다. 하지만 좋지 않은 것이라도 그 경험은 훗날 큰 도움이 될 수 있고, 그것이 좋은 것으로 이어질 수도 있다.

생각지 못했던 좋지 않은 일을 만나면 '이것은 불공평해'라든지, '도대체 뭘 어떻게 하라는 거야'라고 부정적인 태도를 보이는 게 보통 사람들이다. 하지만 그런 부정적인 생각들은

5분이나 10분 이내에 정리해 버리는 것이 좋다. 부정적인 생각을 계속한다고 해서 결코 상황이 좋아지지 않는다. 스스로 적극적으로 노력하지 않으면 아무것도 진전되지 않는다.

지금까지 내 인생을 돌이켜보면 갑자기 넘어지고 다시 일어서기를 끊임없이 되풀이해 왔다. 그러나 나는 그런 것들이 참으로 값진 경험이라고 생각한다. 첫 장에서는 장애물에 걸려 넘어졌을 때 그로부터 어떤 것들을 배우고 무엇을 얻을 수 있는지 이야기할 것이다.

1

장애물 뛰어넘기

1
입사 후 1년, 죽도록 고생하기

나는 입사 전날 채용이 확정되었기 때문에 내 유니폼이 마련되어 있지 않았다. 그래서 당분간 인재 파견 회사에서 나와 일하는 웨이터의 유니폼을 빌려 입었다.

명찰은 마침 예전에 이 호텔에 나와 이름이 같은 사람이 아르바이트로 일한 적이 있어 그의 것을 사용했다.

호텔에는 중졸부터 석사까지 다양한 학력을 가진 사람들이 모여 일하고 있었다. 현장에서 고객을 응대하는 일은 주로 고등학교를 졸업하고 입사한 사람들이 맡았다. 그리고 장래에 관리자로 승진할 사람들은 주로 전문대학 이상을 졸업한 사람들이 맡았다.

내 입사 동기 중에 4년제 대학 졸업생은 나를 포함해 겨우 세 명뿐이었고, 전문대 졸업생을 포함해도 열 명 정도밖에 되지 않았다.

현장 연수 기간에는 주방에서 그릇을 닦고 벨보이도 했다. 연수 기간이 끝나고 현장에 배속될 때 나는 대졸 동기들과 함께 프런트에서 일할 수 있을까 하고 기대해 보았지만 언감생심이었다. 입사 과정에서 우여곡절이 있었던 나한테는 어림도 없는 바람이었다.

입사 후 특별 대우는 없다

내가 정식 배속을 받은 곳은 연회 서비스를 담당하는 부서였다. 호텔에서 파티나 피로연이 있을 때 음식 서비스를 관리하는 일을 하는 곳이었다. 그곳에서 나보다 세 살 많은 M씨를 만났는데 입사 첫날 그가 나에게 말했다.

"이름 있는 대학 나왔다고 잘난 체할 것 하나도 없어. 이 바닥에서는 중졸이든 대졸이든 다 똑같아."

당시 호텔에서는 대학을 졸업했다는 이유 하나만으로 주변의 질시를 받곤 했다. 그런데 엎친 데 덮친 격으로 사내에서는 이미 나의 특별한 입사 과정이 알려져 있었고 그로 인해 나는 함께 일하는 동료들로부터 건방지다는 오해를 많이 받았다.

연회서비스부는 업무 성격상 아침 일찍부터 밤늦게까지 일해야 하는 상당히 고된 부서였다. 당시는 일본 경기가 좋을 때여서 항상 파티가 예약되어 있었다. 연회서비스부 직원들은 한 달에 보통 150시간 이상 초과 근무를 했다. 급료는 그리 많지 않았지만 초과 근무 수당이 급료와 맞먹을 정도였다.

오전 근무가 있는 날은 아침 5시에 일을 시작해야 했다. 이런 때는 첫 전철을 탄다고 해도 제시간에 맞춰 호텔에 도착할 수 없었다. 그래서 결국 나는 오전 근무 전날 호텔에서 자는 쪽을 택했다. 그런데 연회서비스부 사람들은 규칙상 호텔에서 자는 것이 허용되지 않았다. 따라서 종업원용 숙소에서 잠을 잘 수가 없었다. 하는 수 없이 나는 연회나 회의를 하는 큰 룸 구석에 이불을 깔고 잠을 잤다.

호텔에서 일하다 보면 변경된 출근 시간도 전날에야 알게 되는 경우가 많았다. 게이오프라자 호텔은 항상 저녁 8시경이 되어서야 그 다음 날 출근 시간을 알 수 있었다. 그래서 직원들은 하루 일과가 끝나면 일정표를 찾아서 그 다음 날 일정을 확인했다.

일정표에 '아침 5시, 시바타'라고 적혀 있으면 "오늘도 여기서 자야겠구나"라며 이불을 챙겼다. 휴일에는 집에서 일정표를 볼 수 없으니 호텔에 전화를 해서 선배 직원에게 "죄송합니다만, 내일 몇 시에 출근하면 될까요?"라고 문의했다.

내가 취직했을 당시 일본은 호경기를 누릴 때였던 만큼 대기업에 입사해 여유 있는 생활을 하는 사람들이 많았다. 그런 사람들에게 호텔에서 일했던 시절에 대해 이야기하면 그들은 "젊은 시절에 고생 많이 하셨네요"라거나, "힘든 시절이 있었군요"라며 동정 어린 눈길을 보낸다.

하지만 그 당시에는 내가 고생을 한다거나 회사를 당장 그만두고 싶다는 생각을 단 한 번도 해본 적이 없다. 낙관적인 성격 탓도 있겠지만, 그릇도 닦고 웨이터 일도 하면서 보낸 하루하루가 나에게는 너무나도 특별하고 재미있었다.

연회서비스부에서는 휴일에도 결혼식이나 파티가 몇 건씩 있었기 때문에 눈코 뜰 새 없이 바빴다. 그렇게 하루 종일 일에 쫓기다 일정이 끝나면, 모두 모여 큰 소리로 "수고하셨습니다"라고 인사를 나누고 함께 시원한 맥주를 마시곤 했다. 그런 하루하루를 보내면서 '오늘도 열심히 일했다'는 생각에 기분 좋게 퇴근했다.

누구에게나 힘든 시절이 있다

호텔은 여러 부류의 손님들과 다양한 역할을 하는 종업원들이 한데 모여 있는 드라마 속과 같은 곳이다. 호텔이야말로 내가 즐겨 쓰던 연극 대본보다 훨씬 더 재미있는 일이 매일같이 일어나는 곳이다.

한번은 이런 일이 있었다. 결혼식 피로연이 예정되어 있던 날이었다. 아침부터 엄청나게 많은 눈이 내려 기차와 택시가 모두 운행을 멈추는 비상 상황이 발생했다. 신부와 그 부모는 제시간에 호텔에 도착했는데, 신랑 쪽이 아직 도착하지 못하고 있었다.

신랑은 예정 시간이 두세 시간 지난 뒤에도 도착하지 않았다. 친구들과 친척들은 더 이상 무료하게 기다릴 수 없어 잔에 술을 한 잔씩 따르기 시작했다. 얼마 지나지 않아 연회장은 취해서 비틀거리는 사람, 큰 소리 치는 사람이 나오기 시작했다. 난장판이 되기 직전이었다.

이런 상황에서 예정 시간보다 일곱 시간이 지났는데도 신랑이 나타나지 않자 신부는 결국 울음을 터뜨리고 말았다. 호텔 측에서 신랑한테 전화를 하자, 신랑은 울먹이는 목소리로 "어떻게 방법이 없네요. 예식을 포기하겠습니다"라고 말했다.

신랑의 말에 호텔 담당자는 "그게 무슨 말입니까. 여기서 지금 일곱 시간 동안 기다리고 있는 신부는 어떡하고요. 어떻게 해서든지 오셔야 합니다. 모든 방법을 강구해 보세요"라고 말했다. 예식장에 모인 사람들도 조금 더 기다려보기로 했다.

결국 신랑은 밤 10시가 넘어 호텔에 도착했다. 오후 1시 예정이었던 예식이 아홉 시간이나 지체된 끝에 시작되었다. 이미 호텔에 파견 나온 웨이터와 아르바이트생들은 모두 퇴근

하고 난 뒤였다. 호텔 종업원들이 직접 나서 음식을 나르면서 예식과 피로연이 진행되었다. 신부 신랑이 입장할 때 연회장은 큰 박수와 환호로 꽉 찼다. 내가 지금까지 봐온 그 어떤 결혼식보다 감동적이었다.

호텔에서 일하는 사람들 중에는 재미있는 사람들이 많이 있다. 호텔에서 연회를 진행할 때 정식 사원은 한두 명뿐이었다. 나머지는 모두 인재 파견 회사에서 나온 사람들이었다. 이들은 하루는 이 호텔에서, 하루는 저 호텔에서 일하면서 다양한 사람들을 만나 다양한 경험을 했다.

당시 파견된 웨이터의 시간당 급여는 1500엔 정도였는데, 그들은 보통 아르바이트 학생들이 아니라 사회인으로서 당시 나보다 나이가 더 많은 사람들이었다. 그렇게 웨이터로 오래 일해 온 사람들 중에는 과거에 무명 배우나 영화감독, 사업가 등 여러 가지 과거를 안고 살아가는 사람들이 적지 않았다. 그 중에는 전과가 있어 정규 직원으로 취직할 수 없는 사람들도 꽤 있었다.

이 일을 하기까지 그들은 내 주위에 있던 사람들과는 완전히 다른 부류의 사람들이었다. 그들과 함께 일하면서 그들의 경험에서 비롯된 다양하고 역동적인 이야기를 듣다 보면 진짜 인생을 배운다는 느낌이 들었다. 일이 끝나고 나면 으레 이야기판이 벌어지곤 했는데, 그때마다 그들의 이야기 속으로 빠져들었다.

열 명 중 한 명 정도는 웨이터 분야에서 30년 이상 일해 온 프로였다. 궁중 만찬회가 있는 날은 반드시 이런 사람들이 불려왔다. 그들은 움직임부터 여느 웨이터들과 달랐다. 당연히 요리에 대한 지식도 풍부했다. 그런 사람들과 함께 일하면서 이야기를 듣다 보면 요리에 관련된 이야기라든가, 고기나 야채를 맛있게 먹는 방법 등 많은 것을 알게 된다.

입사 시험에서 별 생각 없이 "호텔은 극장이다"라고 말했지만, 실제로 일을 해보니 정말로 그 말이 맞다는 생각이 들었다. 다양한 사람들이 모여 매일 드라마를 연출해 내는 곳이 바로 호텔이었다.

호텔이라는 커다란 공간에서는 크든 작든 어떤 이벤트나 할 수 있다. 고객 입장에서 돈만 있으면 간단한 식사 약속이든 결혼식이든 무엇이든 실현할 수 있는 장소가 바로 호텔이다. 나는 '훗날 호텔을 배경으로 드라마를 제작해 보면 어떨까' 라는 생각을 하기도 하면서 하루하루 최선을 다해 열심히 일했다.

다른 사람들이 보기에는 고생을 많이 하는 것처럼 여겨지는데, 정작 당사자는 그렇게 생각하지 않는 경우가 많다. 행복이냐 불행이냐는 모두 자신의 마음에 달린 것이다. 편안하고 좋아 보이는 생활을 하면서도 정작 자신은 결코 행복하지 않다고 생각하는 사람들도 많다.

잃을 것도 지킬 것도 없는 사람들 중에 힘들게 일하면서도 그 순간을 즐기는 사람들이 있다. 바로 젊은이들이다. 그것은 젊은이들의 특권 중 하나이다.

 **2**

현재와 미래 분리하기

낙천적인 성격을 가진 나는 신출내기 웨이터 시절에도 바쁜 하루하루를 즐거운 마음으로 보냈다. 하지만 그런 나에게도 가끔 난감하고 혼란스러울 때가 있다.

예를 들어 대학 친구들이 다니는 회사의 파티를 맡는 경우였다. 함께 대학을 다니던 친구들 중 상당수가 은행이나 증권회사에 입사했다. 당시에는 은행이나 증권회사가 인기가 좋았다. 대우가 좋았기 때문이다.

연회장에서 웨이터를 하다 보면 내 나이쯤 되어 보이는 샐러리맨들이 정장을 반듯하게 차려 입고 앉아 있는 모습을 종종 볼 수 있다. 그러면 나는 "여기 맥주요!"라는 소리가 들리는 테이블에 맥주를 서빙하고 빈 병들을 치웠다. 그리고 그들이 연회장에서 맥주를 마시며 파티를 즐기는 동안 연회장 밖에서 그릇을 정리하고 청소를 했다. 그러다 보면 조금은 창피한 기분이 들기도 했고, 한편으로는 '내가 지금 여기서 서빙이나 하고 있을 때인가?' 라는 생각이 들기도 했다.

호텔에서 웨이터로 일하던 시절 나는 연극 활동도 계속 하고 있었다. 한번은 한 극단으로부터 극본과 연출을 도와달라는 부탁을 받아 수락했는데, 바쁜 호텔 일과 병행하기가 여간 힘든 게 아니었다. 그래서 결국 과로로 두 번이나 쓰러지기도 했다.

하지만 그때 이미 '평생 극단을 이끌면서 또는 드라마만 만들면서 살 수 없는 것이 현실'이라는 생각을 하고 있던 시기였다. 이런 여러 가지 일로 한동안 내 머릿속은 더욱 혼란스러웠다. 내가 호텔에서 이렇게 일하는 것이 잘하는 일인지, 또 어떨 때는 내가 정말로 하고 싶은 일이 무엇인가 하는 의문이 들었다.

당시 나는 도코로자와라는 곳에 살고 있었다. 여러 가지 혼란스러운 생각들을 하면서 세부신주쿠 선을 타고 신주쿠 역에서 내려 회사까지 걸어서 다녔다. 걸어가는 길목에는 많은 호텔들이 있었다. 그 호텔들을 보면서 "지금 이 순간만은 웨이터가 되어 서비스하는 입장이 아니라 내가 서비스를 받는 입장이다"라고 혼잣말을 해보기도 했다.

장애물 뛰어넘기 **1장** | **41**

하지만 그때 느꼈던 감정은 결코 좌절감이 아니었다. 나는 고등학교 3학년 이후로 좌절감이라는 단어 자체를 잊어버렸다. 그것은 내 인생에 어떠한 고난도 없었다든가 또는 인생이 순풍에 돛 단 듯 너무나 잘나갔다는 의미가 아니다. 다만 주위 모든 사람들이 좌절할 수밖에 없겠구나 하고 생각하더라도 나 자신은 그런 상황을 절대 좌절로 받아들이지 않겠다는 나만의 원칙을 가지고 있었기 때문이다.

최고의 기량으로도 2등 할 수 있다

고등학교 3학년 시절 겪었던 이야기를 하나 하려 한다. 내가 다니던 사이타마 현의 공립 남자고등학교 남성 합창부는 전국적으로 유명했다.(지금은 남자 수중발레로 유명하다.) 고등학교 3학년 때는 내가 합창부 부장을 맡았다.

원래 전국에서 상위권에 드는 합창부이기도 했지만, 내가 입학했을 때는 인기뿐 아니라 실력도 굉장히 높았던 시기였다. 내가 합창부에서 활동하는 3년 동안 부원 수가 계속 늘어났는데, 부원 수와 함께 합창 실력이나 수준도 입학 때보다 훨씬 더 높아졌다.

그 시절 운동 중에 고등학교 야구를 위한 고시엔 대회가 있었다면, 음악에서는 고등학교 합창부들이 겨루는 NHK 주최

전국 음악 콩쿠르의 고등학생 부문이 있었다.

우리 고등학교 합창부도 사이타마 현 예선에 출전하기로 결정하고, 자유곡으로 '소란부시(홋카이도 민요)'를 선택했다. 마지막 리허설 때 한 심사위원이 예상외로 큰 호평을 해주어 부원 모두 들떴던 기억이 난다.

예선에서 우리는 스스로 만족하는 만큼 결과에 대한 기대치도 높았다. 그런데 어이없게도 3위에 그치고 말았다. 도 예선에서 3위를 했으니 전국 대회는 구경도 못 하게 되었다.

우리의 합창에서 어느 부분이 부족했는지 물어보자 심사위원들의 대답은 뜻밖이었다. "자유곡 선곡에 문제가 있었다"고 말하는 것이었다. 상당한 호평을 받을 정도로 훌륭한 합창이었고, 그 많은 시간을 들이고 피땀 흘려 노력했는데 그에 상응하는 대가가 따라오지 않자 나는 엄청난 좌절감에 빠졌다.

나는 어깨를 늘어뜨리고 대회장을 나와 학교로 향했다. 학교로 돌아간 후에도 한참 동안 좌절감에서 빠져나오지 못했다. 내가 힘이 빠진 모습을 보고 1학년과 2학년 후배들도 모두 코를 빠트리고 다녔다.

그러다 문득 아차, 하는 생각이 들었다. 리더의 좌절이 팀원들에게도 금세 전염되고 만다는 생각이 들었던 것이다. 리더의 역할을 맡은 사람은 팀원들에게 부정적인 생각을 내비치거나 좌절감이 들게 해서는 안 된다는 것을 그때 배웠다.

그날 이후로 나는 내가 예상했던 만큼 좋은 결과를 얻지 못했을 때, 현실을 있는 그대로 받아들이고 정신적인 충격을 완화하는 쪽을 택했다. 실패했다고 해서 자리에 주저앉아 불평만 하면 그것은 시간 낭비, 에너지 낭비일 뿐이다. 불평할 시간이 있으면 그 시간에 그 다음 해야 할 일이 무엇인지 생각하고 준비하는 것이 훨씬 더 현명하다.

결과적으로 그때 합창 대회에서 맛본 좌절이 내 인생의 마지막 좌절이었다. 그날 이후 나는 좌절이라는 것에 대해 지금까지 생각조차 해본 적이 없다.

3

모래가 다이아몬드로
바뀔 수 있다고 믿기

신입 사원으로 들어와 호텔 일을 시작한 지도 어느덧 1년 6개월이 지나가고 있었다. 그동안 여러 가지 복잡한 일로 고민도 많이 했다. 그래서인지 그 시간이 정말 눈 깜짝할 사이에 지나갔다.

그러던 어느 날 입사를 할 때 많은 도움을 줬던 A씨가 나를 불렀다. A씨는 당시 인사총무부 부장에서 상무로 승진한 상태였다. 내가 입사한 후에도 많은 도움을 줬던 A씨는 가끔 나를 술자리에 부르기도 했다.

나중에 알게 된 일이지만 A씨는 내가 연극을 하고 있다는 것을 입사 전부터 알고 있었고, 그의 아들 역시 연극을 하고 있었던 탓에 여러 가지로 더 신경을 써주었던 것 같다.

장애물 뛰어넘기 1장 **45**

변화 앞에서 망설이지 않기

A씨의 사무실에 들어가 앉으니 그가 대뜸 말했다.

"이번에 외무성에서 대사관 일을 할 사람들을 모집한다네. 관심 있으면 파견 채용 시험을 한번 보지 않겠나?"

A씨의 말에 호텔에서 일하는 나한테 갑자기 웬 대사관이냐는 생각이 들었다. 알고 보니 대사관에서 일하는 사람들은 외무성 직원뿐만 아니라 정부의 다른 부서나 기업에서 파견 나온 사람들도 많다고 했다. 그리고 우리 게이오프라자 호텔에서도 예전에 몇 명 파견 보낸 적이 있다는 것이다.

나는 난생처음 듣는 제도였지만, A씨가 적극적으로 추천해준 덕분에 일단은 파견 채용 시험을 볼 수 있게 되었다. 그런데 A씨의 이야기를 들은 바로 다음 날 인사부에서 사람이 와 바로 내일 채용 시험을 보게 될 것이라고 말했다. 시험을 하루 앞두고 통보를 받은 나는 시험 형식도 모를뿐더러 아무런 준비도 없이 시험을 치러야 했다.

시험 장소에 도착하고 나서야 일반 교양과 영어 필기시험, 그리고 면접으로 이루어진다는 것을 알았다. 준비를 전혀 못한 채 필기시험과 면접을 봤지만 운 좋게도 시험에 합격했다. 합격 소식과 함께 나는 네덜란드, 호주, 인도 중 한 곳으로 가게 될 것이라는 소식을 들었다. 나는 그중 어디라도 좋았다.

결국 나는 네덜란드 주재 일본 대사관에서 파견 근무를 하게 되었다.

이렇게 해서 나는 호텔에 입사한 지 만 2년이 되었을 때, 연회서비스부 동료들과 선배들의 배웅을 받으며 나리타 공항에서 네덜란드행 비행기를 탔다.

사실 이때 네덜란드 주재 일본 대사관에 근무하러 가기 위해 비행기를 탄 것이 나의 첫 비행기 탑승이었다. 그 나이가 되도록 비행기를 한 번도 타보지 못한 데는 아버지의 영향이 컸다. 아버지는 비행기 타기를 싫어해 해외에 한 번도 나가본 적이 없었다. 아버지는 내가 네덜란드에 갈 때 돈을 가방에 넣어가는 것을 보고는, "현금은 가방에 넣지 말고 항상 몸에 지녀야 한다"고 말씀하셨다. 처음 외국을 나가는 터라 아버지의 말씀대로 몸에 돈을 지니고 네덜란드로 떠났다.

당시 네덜란드까지 직항이 없었던 탓에 다른 곳을 경유해 아침 5시경에 겨우 네덜란드 국제공항에 도착했다. 그런데 사전에 약속한 것과는 다르게 마중을 나오기로 한 선임자가 보이지 않았다. 그를 찾아 입국장 로비를 헤맸지만 결국 찾지 못하고 대사관까지 혼자 택시를 타고 갔다.

그렇게 힘들여 대사관에 도착했을 때 나를 기다린 것은 선임자의 꾸지람이었다. 그는 대뜸 "이렇게 멋대로 와버리면 어떡해!"라고 말했다. 알고 보니 그 선임자는 자신을 대신해 다른 사람을 공항에 마중 보냈던 것이다. 하지만 나는 사전에 그 사실을 통보받지도 않았고, 그러니 마중 나온 사람을 알아볼 리 없었다.

나는 당연히 선임자가 나올 거라고 생각했고, 또 선임자도 나를 처음 보기 때문에 당연히 공항에서 내 이름이 적힌 피켓을 들고 있을 거라고 생각했다. 그런데 '일본 사람들이 많지 않으니 금방 알아보겠지'라는 생각으로 피켓도 준비하지 않았다.

이런 분위기이다 보니 대사관에서 근무하는 동안 여러 가지 황당한 해프닝을 많이 겪었다. 하지만 일본에서 겪어보지 못한 다양한 경험을 할 수 있었다.

기회는 허드렛일에서부터 시작된다

내가 대사관에서 일 배정을 받은 곳은 '회계서무과'라는 곳이었다. 이곳은 대사관 관리 업무를 담당하는 부서였다. 내가 맡은 업무의 공식 명칭은 회계담당관 보좌였는데, 실제로 하는 일은 편의 제공을 담당하는 것이었다. 한마디로 말해 네덜란드를 방문한 국회의원이나 고위 공무원들이 그곳에 머무는 동안 그들의 일과와 스케줄을 관리하는 일이었다.

즉, 그들을 위해 공항까지 마중을 나가고 호텔로 모시고 가서 회의장까지 안내하는 것과 같은 일들이었다. 때로는 사모님들을 따라 쇼핑백을 들고 백화점을 다녀야 할 때도 있었다. 그리고 그분들을 후원하는 사람들에게 감사의 카드를 보내는 일을 하기도 했다.

장관이나 차관 정도 되는 높은 사람들이 방문할 때는 그들의 수행원도 두세 명 함께 오기 때문에 우리 쪽에서도 외무성에서 나온 대사관 직원들이 몇 명 함께 나갔다. 가끔은 주로 대사관에서 업무만 보는 영사나 부영사가 나가기도 했다.

영사와 부영사는 총영사와는 지위가 크게 다르다. 대사관 내에서 영사와 부영사는 여러 가지 잡일을 하는 경우가 많았다. 본국에서 오는 손님들을 수행하는 데 질린 영사와 부영사는 가끔 나에게 "시바타, 우리가 지금 도대체 왜 이런 일들을 해야 하지"라고 푸념을 늘어놓기도 했다.

물론 나에게 주어진 일이 그런 허드렛일만 있는 것은 아니었다. 회계 업무나 현지 직원들에 대한 인사 업무를 하기도 했다. 원칙적으로 회계나 인사 업무는 나와 같은 파견자들이 할 일이 아니었다. 외무성 직원들이 해야 할 일이었다. 그런데 당시 내 직속 상사였던 S씨는 오랫동안 수행이나 접대 같은 일만 신경 쓸 뿐, 원래 해야 할 회계나 인사 업무는 모두 다른 사람들에게 맡기고 있었다.

내가 그곳에서 일했던 당시, 그는 자신이 해야 할 본연의 일은 아예 하지 않고 있었다. 어떻게 해서든 일을 하지 않고 편하게 사는 것이 잘사는 인생이라는 사고방식을 갖고 있었던 것 같았다. S씨를 보고 있으면 열 살짜리 꼬마가 어른 옷을 입고 있는 듯한 느낌이 들었다. 본연의 일을 팽개치고 있으면서 또 성격은 매우 감정적이었다. 대사로부터 한마디라도 들으면 부하 직원들에게 되는 대로 퍼붓곤 하는 매우 고약한 사람이었다.

대사도 S씨가 대사관의 중요한 일들을 처리할 만한 능력이 안 된다는 것을 알고 있었다. 그리고 회계 업무 등이 지체되면 다른 일들을 진행할 수 없기 때문에 할 수 없이 그 일을 나에게 시켰고, 별수 없이 내가 그 일을 맡게 되었다.

일을 하다 보면 나 같은 파견자가 봐서는 안 되는 내용들도 적지 않았지만 상사의 일을 대신 해야 하니 어쩔 수 없는 일이었다. 회계 업무와 같은 일은 한 번도 해본 적이 없었지만, 높은 사람을 수행하는 일보다는 훨씬 수월했기 때문에 나는 좋은 기회로 여기고 열심히 일했다.

현지 대사관 직원들은 S씨와 같은 상사 밑에서 일하는 것 말고도 어려움이 많았다. 본국에서 파견된 공무원들은 현지 직원들을 형편없이 낮게 대했기 때문이다.

해외 주재 대사관에는 여러 정부 부처에서 파견된 사람들이 함께 근무하는데 이들의 비서나 운전사는 모두 현지 사람들이다. 외무성에서 직접 파견된 사람들은 외국 근무 경험이 많지만 다른 부처에서 파견된 사람들은 외국 근무가 처음인 경우가 많기 때문에 당연히 언어로 인한 의사소통에 불편할 수밖에 없고 현지 문화나 관습에도 어두울 수밖에 없다. 그렇기 때문에 현지인 비서나 운전사와 마찰을 빚는 경우가 적지 않았다. 그런 문제를 해결하거나 현지 직원들을 상담하는 것이 내가 주로 하는 일 중 하나였다.

당시 네덜란드 주재 일본 대사관에는 현지 직원이 스물여섯 명 있었다. 그때 스물다섯 살이던 내가 그 많은 사람들의 상담원 역할까지 하게 되었다. 내가 조금 어려서 고민을 털어놓기 쉬웠는지도 모른다. 하지만 나는 상담을 해오는 사람들에게 성심껏 내 의견을 말해 주었다. 점차 현지에 적응할 때부터는 현지 직원들과 어울려 놀기도 하고 서로 푸념을 늘어놓기도 했다.

그후 일본에 귀국해 많은 시간이 흘러 내가 '머서' 사의 사장이 된 후, 런던에서 열린 회의에 참석한 뒤 잠깐 네덜란드에 들러 대사관을 방문한 적이 있다. 내가 근무한 때로부터 15년이 지났지만 낯익은 얼굴들이 몇몇 보였고, 나는 그들로부터 눈시울이 붉어질 정도로 따뜻한 환영을 받았다.

기회는 빛나는 모습으로 찾아오지 않는다

'기회는 누구에게나 열려 있다'는 말을 많이 듣는데, 나도 이 말에 공감한다. 다만 우리가 기회라는 것을 봤을 때 그것이 명확하게 기회인지 아닌지 판단하기 힘들 뿐이다. 기회라고 생각하고 쫓아갔는데 일이 잘 풀리지 않을 때도 많다.

나도 네덜란드 주재 일본 대사관에 근무할 당시 그런 경험이 한 번 있었다. 당시 게이오프라자 호텔은 인터콘티넨탈 호텔에 가맹되어 있었다. 어느 날 내가 게이오프라자 호텔 소속이라는 것을 알고 있던 한 인터콘티넨탈 호텔 매니저가 "이번에 네덜란드에서 인터콘티넨탈 호텔의 각국 총지배인들이 모이는 자리가 있으니 한번 와보라"며 불러주었다.

나는 이것이야말로 내 인생의 기회라고 생각하고 여러 분야에 대해 내 의견이 담긴 보고서까지 준비해 참석했다. 하지만 막상 그 자리에 가 보니 "일본 요리를 먹을 건데 먹는 법을 가르쳐주게"라는, 내 기대를 벗어나도 한참 벗어난 황당한 부탁을 받았다.

호텔에 입사하기 직전까지만 해도 나는 '내가 설마 호텔에서 일을 하겠어?'라고 생각했다. 내가 호텔에서 대사관으로 파견을 나와 일하게 되리라는 것 역시 정말 꿈에도 생각한 적이 없었다. 이제 와서 그때를 되돌아보면, 대사관 업무는 나에게 있어 굉장히 큰 전환점이자 기회였다. 하지만 그 당시에는 그것이 기회라는 생각조차 못 했던 것이 사실이다. 그저 A씨에게 추천받은 대로 시험을 보러 간 것뿐이었다.

젊은 사람들은 대부분 '내 인생의 기회는 어디에 숨어 있을까' 혹은 '왜 나한테는 기회가 오지 않는 것일까'라는 생각을 할 것이다. 하지만 그것은 자신이 아직 기회를 알아차리지 못했거나 아직 기회를 제 것으로 만들지 못한 것이다.

기회가 다이아몬드처럼 반짝반짝 빛나는 모습일 것이라고 생각하면 그것은 큰 착각이다. 이 세상에서 그렇게 손쉽게 알아볼 수 있는 기회는 존재하지 않는다. 모래밭에 서서 발밑에 있는 모든 모래들이 다이아몬드로 바뀔 수 있다고 스스로 믿지 않으면 기회는 주어지지 않는다.

모래를 다이아몬드로 바꿀 수 있는지 없는지는 자신이 하기에 달렸다. 기회는 전혀 생각지도 않았던 사소한 일에서 시작된다. 당시는 손해라고 생각할 수밖에 없었던 일을 신중하게 처리해 나가는 과정에서 새로운 길이 열린다. 기회는 그런 식으로 우리에게 다가온다.

4
싫어하는 일 먼저 하기

머서 휴먼리소스 컨설팅(이하 머서 사)에 입사하고 3년이 지났을 때의 일이다. 때마침 글로벌 기업 중 하나로 전자기기를 제조하는 S사의 CEO가 바뀌면서 인사 시스템을 새롭게 바꾸라는 지시가 떨어졌고 그에 대한 컨설팅을 우리 회사에 맡겼다.

당시 머서 사에서 컨설팅을 맡고 있던 M씨가 이 프로젝트의 리더였고, 나는 가끔 프레젠테이션을 하는 정도의 역할만 했다. 그런데 S사 컨설팅 프로젝트를 한창 진행하던 어느 날, 프로젝트 팀장인 M씨가 갑자기 직장을 그만두게 되었다. 개인적인 일로 잠깐 홋카이도에 있던 나는 당장 회사로 들어오라는 연락을 받았고, 결국 그 프로젝트를 맡게 되었다.

내 일에 값을 매기지 마라

S사 측 책임자는 머서 사와의 계약에 따른 업무 진행에 있어 창구 역할을 하는 A씨, 그리고 인사 분야에 오랜 경험을 가지고 있는 B씨, 이렇게 두 명이었다. 이 A씨와 B씨의 스타일은 서로 완전히 달라서 나에게 요청하는 사항이 일치하는 법이 없었다. 그래서 어쩔 수 없이 나는 아침 8시부터 오후 4시까지는 A씨에게 요청받은 업무를 보고, 이른 저녁부터 밤 11시까지는 B씨로부터 요청받은 업무를 처리했다.

S사는 글로벌 수준의 앞서가는 기업으로, 컨설턴트에게 양보하거나 알아서 필요한 도움말을 해주는 일이 거의 없었다. 그들은 이미 계약이 체결된 상태이니 컨설턴트로부터 얻을 수 있는 것을 최대한 얻어내야겠다는 생각뿐이었다.

특히 B씨는 인사 분야에서 인정받는 전문가였다. 그러다 보니 항상 '딱 한 번만 설명해 줄 테니 제대로 알아들어야 해' 라는 식의 태도를 보였다. 그리고 나서 이것저것 늘어놓는 요구 사항이 끝도 없을 정도였다. 한마디로 함께 일하기 힘든 스타일이었다.

그러나 S사의 일을 하면서 철저하게 단련되어 있던 것이 나중에 다른 컨설팅 업무를 진행할 때 많은 도움이 되었다. 그 프로젝트가 잘 마무리되고 한참 지난 후에 B씨를 알고 지내는 한 지인을 만났는데, B씨가 그에게 이렇게 말했다고 한다.

"요즘 외국 자본의 컨설팅 회사에서는 시간제로 수수료 계산을 한다네. 어떤 일을 해달라고 부탁하면 '이 일은 시간당 얼마에요'라고 먼저 돈 계산부터 한다는 거야. 그런데 머서의 시바타라는 친구는 좀 특이하단 말이야. 그 친구한테 이거 해달라 저거 해달라고 요구해도 추가 수수료 같은 것은 따지지 않고 일을 마무리해 준단 말이야. 그러고 나서는 더 필요한 일이 없느냐고 묻는다니까. 아주 특별한 친구야."

B씨는 주변 사람들이 피해 다닐 정도로 딱 부러진 성격을 가졌다. 게다가 항상 자신의 생각을 주저하지 않고 있는 그대로 다 말하는 사람이었다. B씨와 함께 일하는 동안 엄청나게 혹사당한 것은 사실이었다.

그러나 B씨와 일하는 동안 상당히 공부가 된 것도 사실이었다. 무엇보다 내가 그처럼 어렵고 까다로운 고객의 프로젝트를 책임지고 완성했다는 사실만으로도 나는 엄청나게 큰 자신감을 가지게 되었다.

S사의 컨설팅 프로젝트를 수행하는 동안 나는 경주마처럼 한곳만 바라보고 열심히 일했다. 그것이 고생이라는 생각은 조금도 하지 않았다.

나에게 맞지 않는 일은 없다

요즘 들어 직장인들에게는 '자신에게 맡겨진 일은 무엇이든 열심히 한다'는 의식이 점점 엷어지고 있다. 조금만 힘들어도 이 핑계 저 핑계를 대며 꽁무니를 빼는 사람들이 많다. 특히 젊은 세대들은 더욱 그렇다.

그러나 젊은 시절부터 자신이 좋아하는 일, 힘들지 않은 일만 가려서 하려는 자세는 미래를 위해 결코 바람직하지 않다. 일을 해보기도 전에 '이런 일은 나에게 맞지 않아'라든지 '이런 일은 해봐야 별 도움이 안 돼'라는 태도로 일하다 보면 자신을 발전시킬 기회를 아예 얻을 수 없다.

우리는 살아가면서 자신이 원하는 일만 하고 살 수 없다. 자신에게 맞는 일이든 맞지 않는 일이든 모두 자신을 발전시키는 데 피가 되고 살이 된다. 자신에게 일단 주어진 일은 그것이 무엇이든 간에 앞으로 자신의 인생을 만들어나가는 데 좋은 훈련이 된다는 마음가짐을 가져야 한다.

머리말에서 언급했듯이 스물다섯 살부터 서른네 살까지 10년은 한 사람이 성장하는 데 굉장히 중요한 기간이다. 그 10년 동안 스스로를 단련하고 훈련하면 그 이후의 삶이 크게 달라진다. 운동을 할 때 지도해 주는 사람 없이 자기 혼자 몸을 단련하면 스스로 한계에 부딪혀 근육도 강화되지 않고 유연

성도 갖추지 못한다.

옆에서 누군가 나를 이끌어주고 지도해 주는 사람이 있으면 처음에는 '아, 너무 힘들다'는 생각이 들지만, 시간이 지나면서 차츰 그런 고통이 사라지고 점차 강하고 부드러운 몸을 만들 수 있다.

일을 하는 것도 같은 원리이다. 자신이 편한 대로 어느 일정한 선 안에서 한계를 정해 버리면 더 이상 성장할 수 없다. 20대부터 내가 좋아하는 일, 하기 쉬운 일만 찾아다니는 것은 스스로 성장할 기회를 막아버리는 것과 같다.

안일함을 찾으면 그 순간에는 편할지 모르나 결국 자신의 인생 전체를 놓고 보면 큰 손해를 입는 것과 같다.

5

할 수 있는지는 해보고 판단하기

현재 나는 머서 휴먼리소스 컨설팅에서 일본 법인 대표이사 사장, 인사·조직 컨설팅 부문 아시아퍼시픽 수석부사장 그리고 월드와이드 파트너 및 글로벌 리더십팀 멤버, 이렇게 세 가지 직무를 겸하고 있다.

일본 법인 사장만 맡을 때는 도쿄를 중심으로 일하면서, 다른 나라 파트너들과 미팅이 있을 때만 해외 출장을 갔다. 그러나 2005년 9월부터 일본을 포함한 아시아퍼시픽 전역을 책임지게 되면서, 본사가 있는 뉴욕에도 정기적으로 출장을 가게 되었다.

지금은 매달 10일 내지 15일 정도만 일본에 있고 나머지는 해외에서 지낸다. 그리고 세계 어느 나라에 있든 새벽이든 심

야든 가리지 않고 전화로 회의를 하곤 한다.

세 가지 역할을 겸하게 되었을 때 일본 법인에서 일하는 한 직원이 "두렵지 않으세요?"라고 물었다. 그때까지 내 책임 범위는 일본 법인뿐이었는데, 갑자기 한국이나 싱가포르를 포함한 아시아 각국의 직원들을 관리하는 책임자가 되고 보니 부담스럽지 않을 수가 없었다. 더구나 지역 책임자로서뿐만 아니라 전 세계 경영진 중 한 명으로서 책임을 지는 위치라는 것은 참으로 가볍지 않은 것이었다.

"두렵지 않으세요?"라는 물음은 막중한 책임감이 느껴지지 않느냐는 뜻이었던 것 같다. 사실 나는 '두렵다'는 감정은 없었다. 그러나 자신만만했던 것도 아니다. '어떻게든 되겠지'라는 것이 내 솔직한 심정이었다. 더 정확하게 말하면 '할 수 없는 일은 없다'는 것이 그 당시 내 생각이었다.

확신이 두려움을 이긴다

직장에서 맡겨진 임무 중에는 자신이 과거에 겪었던 경험을 토대로 문제를 해결할 수 있는 일과, '유사한 경험'을 활용해 눈 감고 손으로 더듬어 해결하는 식으로 대처해야 하는 일, 두 가지가 있다. 경험해 보지 못한 상당히 중요한 임무를 난생처음으로 맡게 되는 경우는 당연히 후자이다.

한 번도 해본 적이 없는 일에 도전할 때는 보통 '내가 과연 할 수 있을까' 라는 생각이 들면서 할 수 없는 이유들이 한꺼번에 봇물처럼 쏟아진다. 사실 이런 경우에 '할 수 있다' 는 생각을 뒷받침해 줄 수 있는 확실한 근거는 거의 없다. 마음을 어떻게 먹든 의지와 상관없이 일단은 한 번도 해보지 않았으니 그런 생각이 드는 것도 당연하다.

'할 수 있을 것 같다' 는 생각도 근거가 없기는 마찬가지이다. 단지 추측에 지나지 않을 뿐이다. 결국 '해보지 않고서는 그 어떤 것도 알 수 없다' 는 것이 가장 정확한 답이다. 그리고 일을 해보기도 전에 실패하는 경우에 대해 생각하는 것은 아무런 의미도 소용도 없다. 아무리 엄청난 노력을 쏟아 붓는다 하더라도 실패는 실패로 끝날 수밖에 없다. 하지만 현명한 사람은 그 실패에서 무언가를 배운다.

조직에서 자신의 능력이나 적성에 전혀 맞지 않는 일이 주어지는 경우는 거의 없다. 혹 그런 경우가 있다면 그 일을 던져준 상사에게 문제가 있는 것이다. 그러나 혹시 그런 경우가 있다면 이것저것 따질 것 없이 적극적으로 나서서 그 일을 완수해 버리는 것이 현명하다. 그렇게 직접 부딪히면서 경험을 하나둘씩 늘려가다 보면 한 번도 해본 적이 없는 일에 대해 '할 수 있을까, 없을까' 하고 불안해하는 것 자체가 시간 낭비라는 생각을 하게 될 것이다.

이번에도 마찬가지였다. 세 가지 막중한 역할을 맡고서 '쉽지는 않겠네' 라는 생각은 했지만 스스로 부담을 느끼거나 '내가 과연 문제없이 해낼 수 있을까?' 라고 나의 능력을 의심하지는 않았다. 다만 요즘 들어 일정이 너무 빡빡하다 보니 약간 스트레스가 쌓이고, 세 가지 역할을 모두 완벽하게 소화하려다 보니 오히려 전체적으로 업무 효율이 떨어질 수도 있겠다는 생각이 가끔 들기는 한다.

일을 시작하기 전에 '할 수 없다는 생각이 들지는 않는데' 정도로 시작하라. 그리고 '할 수 있다'는 확신을 더 가지기 위해 무엇을 해야 할지 생각하라. 그러고 나서 필요하다고 생각되는 일은 철저하게 진행해야 한다. 인생에서 중요한 전환기나 중요한 도전에 직면했을 때 이런 사고방식과 행동 양식으로 나아간다면 그 일을 끝마쳤을 때 스스로 훨씬 더 성장했음을 느낄 것이다.

2

롤모델 찾기

6
멋있는 사람 따라하기

스물다섯 살부터 서른네 살까지 10년은 인생에서 매우 소중한 시기라는 말을 앞서 여러 번 했다. 직장에서 사람들은 서른다섯 살을 넘기면서부터 어느 정도 자신에게 맞는 역할을 부여받게 된다.

그 순간이 찾아오기까지 그 역할을 소화할 수 있도록 준비해 놓지 않으면 안 된다. 그때가 되어 준비한다면 이미 늦다.

더구나 그것이 한 조직을 통솔하는 위치라면 준비되지 않은 사람은 자신뿐 아니라 조직 전체의 기능을 무너뜨릴 수 있다. 따라서 그것은 자신에게만 손해가 되는 것이 아니라 여러 사람에게 큰 피해를 끼치는 일이다.

따라서 스물다섯 살부터 서른네 살까지 10년 동안은 철저하게 준비하는 기간으로 삼아야 한다. 이 준비 기간에는 일하는 범위를 제한하지 말고 적극적으로 나서서 여러 가지 상황을 겪어보는 것이 좋다. 그리고 앞으로 필요하게 될 지식과 경험을 차곡차곡 쌓으면서 기회를 기다려야 한다.

여러 가지 경험과 공부를 해놓아야 한다고 말하지만, 그 경험과 공부가 구체적으로 무엇인지를 정의하기는 어렵다. 내가 단정할 수 있는 것은 자신이 정할 수 없다는 것뿐이다.

그리고 이때의 경험과 학습은 앞으로 자신의 인생에서 중요한 양식이 된다. 그런 이유로 나는 "젊었을 때부터 좋아하는 일과 좋아하지 않는 일을 구분해 편식해서는 안 된다"고 당부하는 것이다.

미래에 되고 싶은 사람을 찾아라

미리 준비한다는 것은 다름 아닌 실력을 갖춘다는 의미이다. 앞으로 주어질 역할을 수행하는 데 필요한 자질을 미리 갖추어놓는 것이다. 필요한 자질을 갖추면서 해야 할 일은 바로 자신이 닮고 싶은 사람을 찾는 일이다. 실력을 다듬어가면서 '저 사람처럼 되고 싶다'는 생각이 드는 사람을 찾아 그 사람을 모방하는 것이다.

중학교 3학년 때 나는 학생회장을 하게 되었다. 하지만 학생회장의 역할을 잘해 내기 위해서는 어떻게 해야 하는지 감조차 잡을 수가 없었다. 한참 동안 고민을 하다가 내가 1학년 때 학생회장을 했던 Y선배를 떠올렸다.

Y선배는 우등생은 아니었지만 야구부에서 열심히 활동했다. 그리고 잘생긴 외모 탓에 Y선배가 등하교를 할 때 그를 쫓아다니는 여학생들 때문에 학교 앞이 소란스러웠던 적이 여러 번 있었다. 나는 그때 그 선배의 모습을 보고 참 멋있다고 생각했다.

나는 학생회장을 하면서 Y선배를 롤모델role model(본보기가 되는 대상)로 정했다. 그리고 Y선배처럼 되기 위해 의식적으로 그가 했던 행동이나 표정을 따라했다. 어떤 친구들은 변한 나를 보면서 '시바타, 저 친구 누군가를 닮았는데'라고 말하곤 했다. 흉내를 낸다고 열심히 따라 하긴 했지만 썩 잘하지는 못한 모양이었다.

그렇게 Y선배를 본받으려고 노력하는 사이에 내 개성도 함께 더해졌다. Y선배가 지니고 있던 매력을 갖추면서도 그와는 구별되는 내 나름의 학생회장으로 변화되고 있다는 것을 느낄 수 있었다. 그때 나는 롤모델의 필요성과 효과를 체험으로 깨닫게 되었다.

그후 고등학교에서 남성 합창부 부장이 되었을 때, 주변에서 특별히 닮고 싶은 롤모델을 찾을 수가 없었다. 그래서 나는 건너건너 전해 들은 한 전설적인 동아리 부장의 이야기를 참고했다.

전설적인 B선배는 내가 입학하기 1년 전에 우리 고등학교를 졸업한, 아주 호쾌한 성격을 가진 사람이었다고 했다. 등교할 때 가방에 위스키를 넣어 오기도 했고, 수업 시간에 출석 체크만 하고 교실을 나가기도 했던 기인 같은 사람이었다. 물론 그것이 진실인지 꾸며낸 이야기인지는 확인할 길이 없다.

무엇보다 B선배는 노래를 굉장히 잘했다고 한다. 당시 합창부에서 매년 졸업 기념으로 레코드를 만들었는데 세컨드 테너를 했던 B선배는 솔로를 할 정도로 실력이 뛰어났다는 것이다. 마침 세컨드 테너를 하고 있던 나는 본 적도 없는 B선배를 롤모델로 삼고 그의 모습을 상상하면서 멋진 합창부 부장이 되기 위해 많은 노력을 했다.

나는 나보다 한 해 위인 합창부 선배들이 진지하게 노래 연습을 하는 모습을 한 번도 본 적이 없다. 물론 노래 실력도 썩 좋지는 않았다. 나는 합창부 부장을 하면서 바로 위 선배들처럼 되어서는 안 된다는 각오를 여러 번 다졌다. 그러면서 소문으로만 전해 들은 B선배의 이미지를 닮으려고 노력했다. 그렇게 시간이 지나면서 조금씩 동아리 리더로서 나름의 이미지를 구축해 나갔다.

나중에 고등학교를 졸업한 후 고교 합창부 졸업생 모임에서 나는 말로만 듣던 B선배를 직접 만나게 되었다. B선배는 내가 상상해 왔던 모습 그대로 정말 매력적인 사람이었다.

기업이든 어느 곳이든 한 조직의 리더가 되면, 리더가 되기 전 자신의 모습만으로는 그 위치에 맞는 임무를 수행하기 어려울 때가 많다. 그럴 때는 리더로서 닮고 싶은 롤모델을 먼저 찾는 것이 중요하다. 그리고 그로부터 배우려는 자세가 리더 역할을 수행하는 데 큰 도움이 된다. 학생회장을 하든, 동아리 회장을 하든 아니면 회사 사장을 하든 모두 마찬가지이다.

이 책을 읽고 있는 독자들도 5년 후, 10년 후 자신의 모습을 떠올리면서 롤모델로 삼고 싶은 상사나 선배를 찾아보는 것이 중요하다. 그리고 그를 닮으려고 노력하면서 자신의 능력을 키워나가는 것이다.

7

정보는 매일 업그레이드하기

요즘 학생들을 만나 이야기를 나누다 보면 "일본 회사들은 고리타분하다", "연공서열이나 종신고용과 같은 것 때문에 일본 회사들이 국제적인 경쟁에서 뒤처질 수밖에 없다"는 말을 듣게 된다.

그리고 마지막으로 그들은 "그래서 일본 회사에는 별로 가고 싶지 않다"고 말한다.

그 이야기를 듣고 나는 좀 놀랐다. 마치 일본에 대해 잘 모르는 어느 외신 기자가 쓴 틀에 박힌 일본 기업론을 그대로 전해 듣고 있는 듯한 기분이 들었기 때문이다. 할리우드 영화에 등장하는 일본 샐러리맨의 모습은 서양인들이 고정된 이미지만을 가지고 연출한 것이다.

나는 '일본인을 비슷하게 그리고는 있지만 일본인이 아닌, 어딘가 이상한 일본인을 그리고 있다'는 생각이 들었다. 내가 만난 일본인 학생들이 가지고 있는 일본 회사에 대한 이미지는 그처럼 외신 기자가 쓴 글이나 할리우드 영화에서 보여지는 것과 같았다.

정보는 반드시 검증한다

모든 일본 기업이 빠른 속도로 변화하고 있다고 말하기에는 무리가 있는 것이 분명하다. 개중에는 혁신적인 기업이 있는가 하면 또 어떤 기업들은 아예 변화를 시도조차 하지 않는 기업들도 있다. 그러나 대부분의 기업들은 시대의 변화에 따라 하루가 다르게 변하고 있다.

그렇다면 왜 그 학생들은 일본 기업에 대해 그토록 오래전의 고리타분한 이미지를 그대로 가지고 있는 것일까. 그 이유는 간단하다. 그것은 그 젊은이들이 접하는 정보와 지식이 오래된 것이기 때문이다. 그리고 그들은 그렇게 얻은 단편적인 지식과 오래된 정보를 가지고 일본 기업 전체에 대한 이미지를 스스로 단정하고 있는 것이다.

그 젊은이들은 아직 기업 현장에서 일해 본 경험이 없기 때문에, 책에서 접하거나 주변에서 들은 내용만을 가지고 일본 기업의 이미지를 제멋대로 만들고 있다. 그런데 여기서 친구들로부터 전해 들었다는 것들도 대부분 취직 시험용 가이드북에서 읽은 내용이 대부분이다. 한마디로 그들이 갖고 있는 정보는 신뢰하기 힘든 이차적 정보일 뿐이다.

책이나 잡지에 실린 정보들은 대부분 특정 시점에서, 필요한 부분만 잘라 실어놓은 것이기 때문에, 한정된 정보를 가지고 전체적인 이미지를 제대로 전달하기는 상당히 어려운 일일뿐더러 잘못 전달되기 쉽다.

요즘 학생들은 사전에 미리 공부하는 습관이 되어 있어 취직도 하기 전에 자기가 지원하는 회사나 산업에 관해 여러 가지 정보를 얻고, 또 그 정보를 확신한다. 한정된 정보로 전체적인 회사 이미지를 만드는 것이다. 게다가 그 이미지를 확신한 나머지 그 회사에 대해 모든 것을 알고 있는 듯한 착각을 하게 된다.

이런 것을 나는 '예습의 폐해'라고 부른다. 사전에 예습을 통해 얻은 정보를 지나치게 확신한 나머지 엉뚱하게도 자신의 경험의 폭과 가능성을 미리 좁혀버리는 경우가 적지 않은 때문이다. 처음부터 선입견을 갖게 되면 뻔히 보이는 것도 자신의 눈에는 보이지 않는다. 그러한 선입견 때문에 지나치게 피하거나 걱정하면서 자기의 행동을 미리 제한하는 젊은이들이 적지 않다.

요즘 서점에 가면 매뉴얼이 많이 눈에 띈다. 어릴 때부터 그런 매뉴얼에 지나치게 의존하다 보면 어른이 되어서도 예습의 폐해가 남게 된다. 그런 사람들은 매뉴얼에 쓰여 있거나 주변에서 쉽게 들을 수 있는 정보만 알고 있으면 사회에서 안전하게 지낼 수 있다고 생각한다.

하지만 자신이 직접 체험하거나 생각해 본 지식이 아니기 때문에 '그럼 이 점에 대해 당신은 어떻게 생각하느냐'라는, 뜻하지 않은 질문을 받으면 그만 말문이 막히고 만다. 이런 사람들은 자기 의견을 밝히는 것을 두려워하기도 한다.

젊은 사람들의 대화를 옆에서 듣다 보면 자기 생각을 그대로 표현하지 못하고 머뭇거리는 사람들이 상당히 많다는 것을 알 수 있다. 예를 들어 한 젊은 친구는 물을 마시고는 "이 물 맛있는데, 아닌가?"라고 말한다. 자신이 맛있다고 느끼면서도 분명하게 말하지 못한다. '맛있다'는 표현도 되지만 상대방이 듣기에 '맛이 별로다'라고 느낄 수도 있을 만큼 애매모호하게 말하는 것이다. 자신이 '맛있다'고 말했을 때, 주위의 다른 사람들이 '뭐? 이게 맛있다고?'라고 자신과 다른 의견을 말할까 봐 두려운 것이다.

이런 식으로 주위의 시선을 지나치게 신경 쓰면 자신의 생각을 있는 그대로 주장할 수 없다. 어린 시절부터 자기가 표현하고 주장하는 내용을 누군가가 지속적으로 체크하고 간섭하는 환경에서 자라온 사람들은 이런 경향이 더욱 심하다. 애매모호하게 말하고 행동하는 것이 아예 습관이 되었거나 성격으로 굳어져버렸기 때문이다. 그렇게 자라나는 아이들의 말 하나하나를 간섭하는 사람은 다름 아닌 부모이다.

결정할 때는 외톨이가 돼라

예전에 여러 업종에 걸쳐 열심히 활약하고 있는 젊은 리더들을 대상으로 앙케트 조사를 한 적이 있다. 그때 소위 우수하다고 평가되는 대학의 4학년 학생들도 포함되었다.

여러 분야에 걸쳐 질문을 준비했는데, 사회에서 리더로 활약하고 있는 젊은이들과 우수한 대학생들의 답변이 대부분의 항목에서 비슷한 경향을 띠고 있었다. 하지만 단 한 가지 항목에 대해서는 두 부류가 큰 차이를 보였다. 그것은 바로 '공부를 하는 자세'였다.

사회인 리더들은 주로 "어릴 때부터 공부를 좋아했다"는 대답을 많이 했다. 부모님이 강요했다고 답한 사람은 거의 없었다. 그와 반대로 대학생들은 "부모님이 시켜서 공부했다"는 대답이 압도적으로 많았다.

매뉴얼에 의존하고 주위 사람들을 지나치게 의식하는 습성에 젖은 사람들은 자신의 주장을 당당히 펴지 못하게 마련인

데, 이런 태도를 가지게 된 원인 가운데 가장 큰 것은 바로 부모들의 지나친 교육열과 간섭이라고 생각한다. 하지만 어찌되었든 일본의 교육제도 역시 많은 문제점을 안고 있다.

나는 좀더 자율적으로 공부할 수 있는 환경과 제도를 통해 어린아이들이 무엇이든 스스로 해낼 수 있도록 교육하는 것이 중요하다고 생각한다. 예를 들어 초등학교 4학년쯤 되면 교과 과정의 일부를 자기가 선택하는 것이 좋을 듯싶다. 자기가 좋아하는 공부를 하면 아무래도 스스로 하게 될 뿐 아니라 그에 상응하는 노력도 뒤따르게 된다.

회사에도 교육열 높은 부모마냥 행동하는 상사들이 있다. 어느 회사에서 있었던 일이다. 사내에서 신규 사업 프로젝트를 진행할 사람들을 공모했는데 이상하게 단 한 명도 지원하지 않았다. 몇몇 유능하고 젊은 사원들에게 이유를 물어보니 "저는 지원하려고 했는데 상사와 상담해 보니 하지 말라고 하셨어요"라고 대답하는 것이었다.

그 상사는 분명 "신규 프로젝트를 맡았다가 실패라도 하면 진급이 늦어진다. 지금까지 해왔던 대로 꾸준히 하다 보면 어느 정도까지는 잘나나 못나나 모두 진급하게 되어 있다"는 말을 조언이랍시고 했을 것이다. 마치 과보호를 하면서 지나치게 간섭하는 부모처럼 말이다.

그런 상사들은 자기 밑에서 일하는 자질이 우수한 부하 직원들을 묶어놓고 자기 수중으로부터 놓아주려고 하지 않는다. 그렇게 함으로써 젊고 유능한 인재들의 가능성을 처음부터 꺾어버리는 것이다.

남에게 의지하고 맡겨진 일만 하다 보면 '스스로 생각해서 해결해야 할 문제'에 맞닥뜨렸을 때 먼저 당혹해하기 마련이다. 이러한 과보호에서 벗어나려면 젊은 사람들이 스스로 결단을 내릴 수밖에 없다. 가정에서 그리고 직장에서 부모와 상사의 과보호에서 자기 스스로 벗어나야만 더 크게 성장할 수 있다.

8
낯선 나라에 혼자 가기

어느 날 의료 서비스와 관련된 일을 하는 회사의 사장과 이야기를 나누게 되었는데, 그 회사는 굉장히 특이한 방법으로 직원들을 채용하고 있었다. 한번은 열 명을 신규 채용하는 공고를 냈는데 그 기준이 다음과 같았다.

"자신이 직접 번 돈으로 해외에 다녀온 경험이 있는 사람, 자신이 직접 번 돈으로 공부해 본 경험이 있는 사람."

그 회사는 자립심과 자발성 그리고 다른 문화를 체험한 적이 있는지를 가장 중요하게 여겼던 것이다. 그런데 재미있는 것은 채용한 열 명 중에 아홉 명이 여성이었다고 한다.

그렇게 채용된 신입 사원들은 모두 하나같이 자립심이 남달랐다고 한다. 오랫동안 직장 생활을 한 선임들보다 훨씬 더 적극적으로 일에 임한 것이다. 그 회사 사장은 신입 사원들에게 훈련시켜야 했던 것은 회사의 제도나 규칙뿐이었다고 말하며 자신의 아이디어와 결과에 굉장히 흡족해했다.

그 회사는 당시 같은 업계의 다른 회사를 합병한 지 얼마 되지 않은 상태였기 때문에 사내에서는 출신 기업에 따라 편 가르기를 하는 분위기가 형성되어 있었다. 그런 상황에서 사장은 '젊고 유능한 신입 사원들이 적극적인 자세로 이런 상황을 개선해 나갈 것'이라고 믿었다.

나는 차세대 리더의 육성에 대한 자료를 수집하는 과정에서 같은 동기의 대학 졸업생 중 상위 300명을 인터뷰한 적이 있다. 그 우수한 300명 중에서도 일찌감치 취직을 한 사람들에게는 공통점이 있었다. 첫 번째는 그들이 누구나 선망하는 제1지망 회사에 지원하지 않았다는 것이고, 두 번째는 젊었을 때 우여곡절이 있었으며, 세 번째는 해외 또는 낯선 환경에 적응해야 했던 경험이 있었던 사람들이었다.

보통 대학생들이 입사하기를 바라는 제1지망 회사는 세계적인 일류 기업이나 업계 최고 기업들이다. 단번에 제1지망 회사에 입사한 학생들은 부모님을 기쁘게 해드리고 친구들의 부러움을 살 수 있다. 하지만 그러다 보면 마치 자신의 최종 목적을 이미 달성해 버린 것 같은 느낌이 들어 '더 노력해야지'라는 의지를 자신도 모르게 잃고 마는 경우가 많다.

낯선 문화가 강심장을 만든다

반면 제1지망 기업군에 입사하지 못한 사람들은 그보다 못한 회사에서 불평불만이 많을 수도 있지만, 그런 상황에서도 '나는 이런 곳에서 그대로 머물러 있을 사람이 아니야. 다시 도전하겠어'라든지, '내가 할 수 있다는 것을 보여주겠어'라는 생각을 갖고 점점 자신을 성장시키며 발전해 나간다.

자식에 대해 과보호를 일삼는 부모는 언제나 어떻게 하면 자식이 고생하지 않고 위험한 길을 피해 갈 수 있을까를 생각한다. 그리고 자식을 편한 길로만 이끈다. 그렇게 되면 그 자식은 어려움은 물론 우여곡절을 겪거나 다른 문화에 적응하는 등의 경험을 하지 못한다. 하지만 여러 가지 어려움과 낯선 문화 속에서 길러진 자립심은 훗날 한 사람이 살아가는 데 굉장히 큰 힘이 된다.

사람의 성장 곡선은 일직선이 아니다. 항상 한쪽 방향으로 향상될 수만은 없다. 어떤 때는 아무리 고생하고 열심히 노력해도 아무런 성과를 얻지 못할 때가 있다. 마치 성장이 멈춰버린 것처럼 노력에 비해 결과를 얻지 못한다.

그러나 얼마 지나지 않아 점프를 하듯 한꺼번에 크게 성장할 때가 있다. 이러한 정체와 점프를 되풀이하면서 인간은 성장해 나간다. 여러 가지 어려움과 낯선 문화를 경험한다는 것은 이러한 점프를 하기 위해 힘을 비축해 두는 것과 같다.

어려움이나 낯선 문화를 겪는다는 것은 한 사람의 인생에서 매우 중요한 경험이 된다. 하지만 그러한 기회가 삶에서 아무 때나 찾아오는 것이 아니다. 일생에서 한두 번이 보통이고, 많다 해도 몇 차례에 지나지 않는다.

작은 경험들은 자신에게 찾아올 때까지 기다리지 않고 자신이 직접 나서서 시도해 볼 수 있다. 그렇게 스스로 기회를 만들어 자신을 단련시키는 것도 자신의 성장을 위해 필요할 뿐 아니라 매우 의미 있는 일이다.

9

모임을 만들고 이벤트 벌이기

앞에서도 여러 번 말했듯이 나는 고등학교 시절 남성 합창부에서 활동했다. 전국적으로도 실력을 인정받았던 합창부였지만 내가 입단했을 당시에는 잠시 침체된 때여서 부원 수가 조금씩 줄어들고 있었다.

내가 2학년이 되었을 때는 부원 수가 스물다섯 명밖에 되지 않아 콩쿠르 입상은커녕 대회에 출전하기도 힘들 정도였다.

내가 합창부 부장이 되었을 때 가장 먼저 해야 할 일은 부원 수를 늘리는 것이었다. 그때 가장 먼저 떠오른 묘안이 1학년 신입생 명단을 확보하여 입단을 권유하는 안내문을 발송하는 것이었다. 그리고 신입생을 위한 학교 생활 안내에 참석한 학부모들의 환심을 사기 위해, 합창부 전원을 동원해 지금까지 받은 상들을 정문 앞에 나열해 놓고 피켓을 들고 몇 시간 동안 합창을 하는 것이었다. 학부모들로 하여금 '이 학교 합창부 참 멋있네. 우리 아이도 저런 동아리에 들어가서 활동하면 좋겠구나'라는 생각이 들게 하려는 것이었다.

그리고 그 다음 마련한 마지막 카드가 바로 신입생들이 입학한 직후 가진 동아리 설명회를 극적으로 활용하는 방안으로 혼성 합창을 위해 함께 연습하던 가까운 여학교의 합창부를 초청하는 것이었다.

동아리 설명회가 있는 날, 나는 마침 우리와 연습하기 위해 우리 학교를 찾은 합창부 여학생들에게 합창실로 바로 가지 말고, 우리 남성 합창부가 지나가면 꺅꺅 소리를 지르며 쫓아다니라고 부탁했다. 그리고 실제로 그 여학생들이 내 계획대로 따라주자 우리 합창부는 순식간에 신입생들 사이에 최고 인기 동아리가 되었고, 결국 마흔 명이나 되는 신입생을 확보했다.

신입 부원들 중에는 실력이 우수한 학생들도 많았다. 이때 들어온 학생 중 한 명이었던 Y는 현재 뉴욕 시 교향악단의 지휘자로 활동하고 있다. Y가 시부야의 오차드홀에서 귀국 공연을 할 때 보러 가기도 했다. 공연 후 나는 Y를 만나 잠시 차를 마시면서 고등학교 합창부 활동을 할 때의 이야기를 나누면서 추억에 젖기도 하고 박장대소를 하기도 했다.

귀찮은 일을 꾸며라

한 사람이 작은 것이지만 머리를 짜내 무언가 사건을 만들어냄으로써 그 사람의 인간관계가 넓어지는 경우를 심심치 않게 볼 수 있다. 애주가 모임을 만들거나 산악회를 만드는 등 사람들을 모으다 보면 그 속에서 인간관계가 넓어진다.

나름대로 꾸준히 무언가를 시도하면서 만들어가다 보면 어떻게 하면 잘할 수 있는지, 어떻게 하면 사람들에게 기쁨을 줄 수 있는지를 조금씩 배워나갈 수 있다.

시간이 지나면 그와 같은 노력을 한 사람과 아무런 노력도 하지 않은 사람 사이에 삶의 폭이나 깊이가 확연한 차이를 나타낸다.

10

일 잘하는 사람 따라잡기

내가 게이오프라자 호텔에서 머서 사로 일터를 옮겼을 때, 나는 당연히 머서 사가 조직과 인사 전문 컨설팅 회사라는 것을 잘 알고 있었다. 하지만 당시 나는 그 회사의 경영 상태나 어떤 사람들이 일하고 있는지는 전혀 알지 못했다.

내가 입사한 후 깜짝 놀랐던 점은 머서 사가 일본 법인을 설립한 후 17년 동안 계속 적자를 내고 있다는 사실이었다. 게다가 당시 직원이 스무 명밖에 되지 않은 작은 조직이었는데 하루가 멀다 하고 송별회와 환영회가 반복되고 있었다. 이직율이 너무 높았던 것이다.

1995년 7월 16일, 머서 사에 입사한 첫날 한 사람이 꽃다발을 들고 옆을 지나가는 것을 보고 의아한 생각이 들어 일부러 큰 소리로 인사했더니 그가 말했다.

"아, 오늘 입사하신 분이군요. 저는 오늘부로 회사를 그만둡니다. 앞으로 일하시다 보면 여러 가지 상황들을 알게 될 겁니다."

며칠 동안 일을 하다 보니 이 회사가 왜 그렇게 이직율이 높은지를 알 수 있었다. 하나같이 굉장히 우수한 사람들이었지만, 회사가 마치 자영업을 하는 사람들을 단순히 한곳에 모아 놓은 듯한 분위기였다.

내 일은 내 일, 남의 일은 남의 일로 서로 관련도 없고, 관심도 없었다. 동료와 함께 일을 추진해 나간다든가, 입사한 후배에게 일을 가르쳐준다든가 하는 일이 없었다. 게다가 걸핏하면 서로 비판하는 분위기였다. 입사한 지 며칠 되지 않은 내가 봐도 그곳의 근무 환경과 분위기는 결코 좋지 않았다.

입사 직후 내가 배속받은 부서의 상사 M씨는 한 전략 전문 컨설팅 회사를 다니다 옮겨온 사람이었다. 그는 내가 그때까지 만나본 사람 중에 가장 머리가 비상한 사람이었다. M씨는 고객에게 컨설팅을 할 때 참으로 명쾌하고 일목요연하게 설명해 주었다.

M씨가 일하는 모습을 가까이에서 지켜보면서 나는 프레젠테이션 자료를 수집하는 방법이나, 고객에게 어떻게 하면 내

용을 보다 명쾌하게 전달할 수 있는지에 대해 여러 가지 방법을 많이 배웠다. 하지만 인간적으로는 좀처럼 가까워질 수가 없었다.

M씨는 불같은 성격을 가진 사람이었다. 고객 앞에서 부하직원에게 큰 소리로 호통을 치는가 하면 물건을 내던지기도 했다. 어떤 때는 부하 직원이 작성한 서류를 그 자리에서 찢어버리기도 했다. 그러면서 자신은 근무 중에 사무실이 울릴 만큼 큰 소리로 개인적인 전화를 하곤 했다.

나는 운 좋게도 M씨에게 직접 혼난 적은 없지만 함께 일하는 직원들은 M씨 때문에 적잖이 고생을 했다. 모르긴 몰라도 M씨가 회사를 그만두기 전까지 그 때문에 회사를 그만둔 사람이 적지 않았을 것이다.

경쟁을 통해 배워라

머서 사에 입사한 초기에는 회사 분위기가 전체적으로 좋지 않았다. 함께 힘을 합해 일하는 '회사'라기보다는 단순히 자영업을 하는 사람들이 한 공간에 모여 있는 분위기였다. 당연히 직원 교체가 끊임없이 일어날 수밖에 없었다. 하지만 부정할 수 없는 사실 하나는 구성원 대부분이 매우 유능한 사람들이라는 것이다.

특히 젊은 신입 사원들은 더 훌륭한 인재들이었다. 호텔에서 근무할 때는 나보다 빠르고 정확하게 기안을 만들고 처리하는 사람이 없었다. 그러나 머서 사에서 그 정도는 기본이었다. 나는 그런 동료들에게 뒤처져서는 안 된다는 각오를 했고, 그것이 좋은 자극제가 되었다. 호텔에서 일할 때보다 월급도 두 배 더 많았기 때문에 동기부여가 되었는지는 모르지만, 어쨌든 내가 맡은 업무를 누구보다 열심히 하려고 노력했다.

지금의 머서 사는 연수제도도 갖추어져 있고, 팀으로 프로젝트를 진행하는 체제가 마련되어 있지만, 내가 입사할 당시에는 아무도 나에게 일을 가르쳐주지 않았다. 내가 입사 후 처음으로 담당했던 일은 한 외국계 기업의 임원퇴직금제도를 만드는 것이었다.

호텔에서 근무할 때 인사 업무를 하기는 했지만 임원퇴직금제도는 한 번도 다뤄본 적이 없었다. 상사는 일을 던져주면서 '그래, 그럼 나머지는 네가 알아서 해'라는 식이었다. 누구 하나 어떻게 하라고 이끌어주는 사람이 없었다.

내가 할 수 있는 것은 관련된 책을 찾아서 정보를 얻거나 여러 가지 경우를 조사해 일을 진행하는 것뿐이었다. 처음 해보는 일을 가르쳐주는 사람 없이 혼자 하려니 너무 힘들어 울 뻔한 적도 있었다.

그렇게 힘들게 일하면서도 고객을 대할 때는 경험 없는 신출내기처럼 보이지 않으려고 갖은 노력을 기울였다. 이렇게 힘겹게 보낸 첫 3개월 동안 정말 많은 시행착오를 겪으면서 나 스스로를 다스리려고 노력했다.

헤엄칠 줄 모르는 사람에게는 헤엄치는 방법을 가르쳐줘야 하고, 물에 빠진 사람에게는 구원의 손길을 뻗어야 한다. 그것은 조직 전체의 효율성을 위해서도 꼭 필요한 일이다.

하지만 헤엄치는 법을 모르거나 물에 빠진 사람도 스스로 그 상황을 극복하기 위해 최소한의 노력을 해야 한다. 헤엄칠 줄 모르는 상태에서 물에 빠졌을 때 어떻게 해서든지 살아야 겠다는 간절한 생각으로 노력하다 보면 그 사람은 반드시 그 상황을 극복해 낼 수 있다.

업무에 익숙해지는 지름길 또한 마찬가지이다. 스스로 노력하는 것과 시스템 내에서 배우는 것 사이에 적절한 균형이 필요하다.

11

주위 사람들로부터
장점 한 가지씩 배우기

머서 사로 옮기고 나서 1년이 지난 1996년 여름부터는 조금씩 주위가 보이기 시작했다. 그리고 나 스스로 일을 찾아나서는 여유까지 생겼다.

그러던 어느 날 사장이 나를 불러 이렇게 지시했다.

"뉴욕에서 머서 사의 글로벌 회의가 열리는데 그곳에서 일본의 인사제도에 대해 설명하고 오시오."

난데없이 짧은 기한 내에 영어로 프레젠테이션을 준비해야 했다. 사장은 신입 사원인 나를 평소에 주시하고 있었던 것 같았다. 각국 컨설턴트들이 모두 모인 큰 자리에서 나 스스로를 단련하고 훈련할 기회를 주고자 갑자기 지시를 내린 것이다. 운 좋게도 나는 이 회의에 참가하기 전, 인사·조직 부문의 컨설턴트들이 모이는 글로벌 회의에 참석할 기회를 가졌다.

머서 사는 계속해서 합병을 추진해 온 회사였다. 내가 뉴욕의 글로벌 회의에 참석한 1996년 당시에는 각국 컨설턴트들이 서로 누가 누군지 모르는 분위기였다. 횡적으로 조직을 연결하는 그런 구조나 매개 자체가 전혀 없었다. 그런 상황에서 횡적인 연결을 강화할 목적으로 인사·조직 부문에 대한 회의가 개최되었던 것이다.

이 회의에서 나는 네덜란드 출신으로 미국에 주재하고 있는 한 컨설턴트가 발표하는 모습을 보고 몹시 의기소침했다. 그는 자신의 의견을 효율적으로 잘 종합해서 전달하고 다른 사람의 의견에도 귀를 기울였다. 그리고 직접 화이트보드에 메모하면서 여러 사람들의 의견을 정리했다. 그날 그의 모습을 보면서 고객을 이렇게 대하면 그야말로 효과가 크겠다는 생각을 했다.

체력도 남달랐던 그는 열띤 토론을 끝낸 뒤에도 새벽 1시가 넘도록 다른 사람들과 어울려 술을 마시면서 분위기를 이끌었다. 그러고는 다음 날 아침 6시에 어김없이 혼자 조깅을 했다. 끊임없이 솟아나는 에너지와 적극적이면서 세련되게 일하는 모습을 보고 큰 자극을 받은 나는 일본으로 돌아와 그를 흉내 내려고 노력했다.

좋다고 생각되는 것은 자기 것으로 만들어라

나는 초등학생 때부터 그러한 '모방'을 즐겼다. 도쿄 도 미타카 시에서 초등학교를 다녔는데, 미타카는 배구로 유명한 지역이었다. 많은 사람들이 배구를 즐겼고, 자연스럽게 나도 시간이 날 때마다 배구를 즐겼다.

1972년 개최된 뮌헨 올림픽에서 일본 남자 배구가 금메달을 땄는데 그때 팀의 감독이 마츠다이라 코류였다. 나는 마츠다이라 코류가 쓴 『나는 지지 않는다』라는 책을 초등학교 4학년 때 처음 읽고 감동을 받았다. 한동안 나는 그 책을 성경책처럼 여겼다.

그 책 첫 문장은 이렇게 시작되었다. "좋다고 생각되면 창피하게 여기지 말고 무엇이든 모방하여 자기 것으로 만들어라." 나는 이 말이 너무 좋아 항상 마음속으로 새기곤 했다.

생각해 보면 모든 면에서 존경받을 만한 완벽한 사람은 찾기 힘들다. 하지만 어느 한 부분에 대해 훌륭하다, 대단하다는 생각이 드는 사람은 항상 어디에나 있게 마련이다. 나는 그런 사람들의 장점을 꾸준히 모방하면서 내 것으로 흡수하려고 노력한다. 일부러 모방하려고 한다기보다 '야, 굉장하구나'라고 생각하다 보면 어느새 그 사람처럼 하고 싶어진다.

나와 전혀 다른 직업을 가진 사람을 만났을 때도 그로부터 닮고 싶은 부분을 찾을 수 있다. 예를 들어 자신이 하는 일에 굉장한 긍지를 갖고 사는 어부의 모습을 텔레비전을 통해 보면서도 그런 생각을 가질 수 있다.

자신의 눈으로 직접 보고 만족스럽지 않은 생선은 아예 고객에게 팔지 않는 것을 보면서 '자신의 생각과 확신이라는 것이 바로 저런 것이구나'라는 생각이 든다. 또는 와인바에서 일하는 직원과 이야기를 나누면서 그녀의 건강관리에 대한 박식함에 감동받기도 한다. 그리고 나도 그 직원의 방식을 참고해 건강관리를 해볼 계획을 세운다.

그런 식으로 하다 보면 어느새 주위에 있는 모든 사람들이 자신의 선생님이 된다. 그러면서 타인으로부터 무언가를 배우려는 자세를 갖게 되는데, 컨설턴트에게는 특히 중요한 자세이다.

'이 정도 경험과 경력이면 다른 사람들에게 가르칠 것은 많아도 배울 것은 별로 없다'는 생각을 하는 순간 그 사람의 성장은 멈춘다. 컨설턴트뿐 아니라 일반 기업에서도 이런 사람들을 심심찮게 볼 수 있는데, 이것은 자신의 발전을 자신이 막고 있는 경우이다.

3

스승 만들기

 **12**

별난 상사들과 잘 지내기

네덜란드 주재 일본 대사관에 근무할 때의 일이다. 직속 상사 복은 없었지만 다른 부서에 나를 눈여겨보던 윗사람이 몇 명 있었다. 그중 한 명이 문화·홍보를 담당한 이등서기관 K씨였다.

당시 40대 중반이었던 K씨의 부서는 내가 소속되어 있던 회계서무과 바로 옆이었다. 그는 나를 '문군'이라고 불렀다. 내가 대사관에 파견 나왔을 때 'NEC 문호'라는 워드프로세서를 가져갔는데, 그 브랜드를 보고 붙여준 별명이었다.

대사관에 파견 나온 지 일주일이 지나 내 전임자가 막 귀국하고 혼자 헤매고 있을 때, K씨는 나를 불러 "문군, 외무성 측에서 암스테르담과 도쿄의 항공 운임에 대해 알고 싶다고 하는데 조사 좀 해주겠나?"라고 부탁했다.

당시 네덜란드 암스테르담과 도쿄 구간을 운항하던 항공사는 KLM과 JAL뿐이었다. 그래서 나는 인사도 할 겸 항공사의 일본인 매니저에게 연락해 항공 운임에 대해 물어봤다. 그리고 네덜란드 내에서 일본발 항공 티켓을 취급하고 있는 대리점으로부터 추가로 필요한 정보를 모두 확보하여, 한 장의 표로 작성해 K씨에게 건넸다. 그러자 K씨는 한 손으로 책상 위에 빨간 색연필을 계속 굴리면서 말했다.

"흐음, 그래서?"

"네?"

당황해서 되묻자 K씨가 또다시 물었다.

"그래서?"

"그러니까 아까 지시하신 것에 대한 일람표입니다."

"그건 보면 알겠는데, 그래서?"

"네?"

"그래서 이것으로 뭘 어쩌자고?"

이런 식의 대화를 5분 넘게 이어가던 K씨는 오후 4시가 되자 "이제 퇴근해야 하니 내일 보자"라는 말을 남기고 자리를 떴다.

나는 '저 사람 도대체 뭐야?'라는 생각으로 난생처음 만들어본 일람표를 다시 살펴봤다. 그러고는 나도 모르게 "왜 이렇게 가격이 다르지?"라고 혼잣말을 했다. 지금 생각해 보면 어처구니없는 일이었지만, 나는 일람표를 자세히 살펴보면서 발권과 예약 시기, 시즌, 예약 후 변경 가능 여부 또는 구입 장소 등 여러 가지 조건에 따라 항공 운임이 달라진다는 것을 그때 처음 알았다.

다음 날 나는 K씨가 출근하자마자 새로 작성한 일람표를 K씨 앞에 내밀었다.

"어제 지시하신 일입니다."

"어, 그래."

"외무성 측에서는 무슨 일 때문에 항공 운임을 알려고 하는 것입니까?"

"그건 왜?"

"항공 운임이라는 것은 여러 가지 조건에 따라 가격이 달라지거든요. 예를 들어 날짜를 변경할 수 있다든가 또는 언제 이용할 계획이냐에 따라 가격이 다릅니다."

그러자 K씨는 미소 지으며 빨간 색연필을 꺼내 내가 작성한 일람표에 '합격'이라는 단어를 쓰고는 덧붙여 말했다.

"문군, 회사 일이라는 것은 지시받은 일만 하는 게 아니네. 그렇게 하면 오래 못 가게 마련이지."

지시받은 일의 플러스 알파를 해라

그 뒤로 며칠 지나지 않았을 때였다. K씨가 나에게 "문군, 이번에 공사가 말씀하신 기모노 축제 건 말인데 나는 공사의 의견에 반대라네"라고 말했다. 그가 보여준 공문에는 빨간색으로 큼지막하게 "원칙적으로 반대!"라고 쓰여 있었다. 내가 "그래도 외무성에서 내려온 지시잖아요"라고 말하자 K씨는 "그러니까 반대라는 거네. 한번 지켜보게"라고 말했다.

대사관 회의에서는 한참 동안 치열한 논쟁이 벌어졌다. 외무성에서 내려온 지시에 대해 K씨가 하나하나 문제점을 지적하면서 그에 대한 근거를 차분하게 설명했다. 그러자 공사는 얼굴이 빨개지더니 K씨에게 한마디하고는 회의를 끝마쳤다.

"당신이 책임자이니 당신 생각대로 하세요. 하지만 나중에 쓸데없는 핑계는 대지 않아야 합니다."

K씨는 태연하게 "그렇게 하겠습니다"라는 말을 남기고 회의장을 빠져나왔다.

나는 일이 커졌다는 생각에 염려되어 K씨를 찾아가 물었다.

"어떻게 하시려고 그러셨어요? 괜찮겠습니까?"

K씨는 태연한 표정으로 말했다.

"상관없어. 외무성 지시대로 할 거니까."

"네? 그런데 왜 그렇게 반대하신 겁니까?"

"회의에서 문제점을 짚어보는 건 당연한 거 아닌가? 위에서 내려온 지시라고 따져보지도 않고 그대로 해서는 안 되지."

그 일이 있고 얼마 지나지 않은 일요일 저녁에 K씨로부터 전화를 받았다.

"문군, 지금 당장 대사관으로 오게!"

"무슨 급한 일이라도 있나요?"

"어쨌든 지금 빨리 와!"

대사관에 도착한 나는 K씨로부터 비행기 납치 사건이 일어 났다는 소식을 들었다. 스페인에서 출발한 암스테르담행 KLM 비행기가 무장 집단에게 납치되었다는 것이다.

"문군, 이 전화번호로 계속 전화를 걸게. 상대가 받으면 'I would like to know something about Japanese passengers'라고 말해. 그리고 상대가 상황을 알아보려고 하면 나를 바꿔줘."

전화를 몇 통 한 끝에 그 비행기에 탑승한 일본인이 없다는 사실을 확인했다. 그런데 바로 그때 대사와 공사가 부리나케 전화를 걸어 그 사건에 대해 뒤늦게 물었다. 공사는 대사와 함께 테니스를 치고 귀가하던 중 소식을 전해 듣고 놀라서 전화를 했던 것이다. K씨는 "조사는 벌써 끝났습니다. 일본인 승객은 없었습니다"라고 말하고 전화를 끊었다.

이외에도 K씨에 대한 에피소드는 셀 수 없이 많다. 한번은 카지노에 갔을 때 K씨가 "문군, 가지고 있는 돈 전부 꺼내봐!"라고 하기에 다 줬더니 그 돈을 한꺼번에 잃어버리기도 했다. 또 한번은 "문군, 지금 우리 집에 식사하러 오지 않겠나"라고 식사 초대를 하길래 갔더니 "미안하지만, 아이들 좀 부탁하네"라며 부인과 외출을 하기도 했다.

항상 쾌활하고 엉뚱한 행동을 하는 K씨는 윗사람들과는 그리 원만하게 지내지 못했다. 그래서였는지 어느 날 갑자기 네팔 주재 대사관으로 발령이 났다. 그 뒤로는 그의 소식을 듣지 못했다. 겨우 몇 개월간의 만남이었지만 호탕하면서도 특이한 성격을 가졌던 K씨는 나에게 상당한 자극제가 되었다.

K씨처럼 별나면서도 묘한 매력을 가진 사람들을 젊었을 때부터 많이 만나온 것이 지금 나에게는 큰 재산이다.

13
책상 앞을 벗어나 발로 뛰는 습관

네덜란드 주재 일본 대사관 파견 근무가 끝난 뒤 나는 다시 게이오프라자 호텔로 돌아갔다. 그리고 여러 가지 일을 거친 뒤 맡은 것이 인사제도 개혁에 관한 일이었다.

내가 인사부에서 처음 작성했던 인사제도 개혁안이 당시로서는 상당히 파격적인 내용이었다. 그래서 실제로 그 개혁안이 도입되기까지 두 번이나 중단하라는 지시를 받았고 내 위의 부장 두 명이 다른 부서로 옮겨가기도 했다.

나와 함께 개혁안 프로젝트를 처음 진행했던 S부장은 모회사인 게이오 전철에서 요란하게 자회사인 호텔로 파견되어 온 사람이었다. 그때 우리는 외부 컨설팅 회사의 협조를 받으면서 호텔 내에 사무실을 마련해 프로젝트를 진행했다.

그런데 어느 날, 담당 컨설턴트와 S부장 그리고 내가 회의를 하고 있는 사무실에 갑자기 S부장의 상사인 상무가 들어와 다짜고짜 컨설턴트에게 말했다.

"대단히 죄송합니다만, 우리 회사와 맺은 프로젝트 계약을 지금 당장 중단해야겠습니다. 여기 있는 S부장은 지금 진행하고 있는 프로젝트에 대해 충분히 이해하지도 않은 상태에서 이 일을 시작했습니다."

나와 컨설턴트는 할 말을 잃고 말았다. 어쨌든 S부장이 평소에 그 상사로부터 미움을 사고 있었던 것은 알고 있었지만, 그렇다고 해서 프로젝트를 중단할 정도였는지 지금도 이해할 수 없다. 위에서부터 지시를 받았는지도 모른다. 그 일이 있고 나서 며칠 되지 않아 S부장은 다른 부서로 자리를 옮겼다.

S부장은 "현장에서 나오는 의견에 귀를 기울여야 한다"는 말을 즐겨 했다. 따라서 S부장과 프로젝트를 함께 진행할 때는 해당 부서의 현장에서 일하는 리더들을 한 명씩 찾아다니면서 인터뷰를 했다.

현장의 리더들이 생각하는 문제점과 그에 대한 해결 방안에 대해 의견을 묻고 이를 참고하면서 프로젝트를 진행하자 내가 미처 알지 못했던 여러 가지 문제점들이 드러났다. 매우 다행스러운 일이었다.

나는 이 경험을 통해 S부장의 신념을 직접 체험할 수 있었고, 그 뒤로 항상 현장에서 들려오는 의견에 귀를 기울이려고 노력하고 있다.

S부장은 모회사인 게이오 전철로 복귀해 상무 자리에 오른 뒤, 지금은 다시 게이오프라자 호텔로 돌아와 CEO가 되었다.

설득 대상을 먼저 파악한다

S부장이 다른 부서로 옮겨간 뒤, 위로부터 압력이 내려와 프로젝트가 중단된 적이 또 한 번 더 있었다. 이번에는 부부장이 다른 부서로 자리를 옮기게 되었다. 이쯤 되자 프로젝트는 더 이상 진행하기 어렵겠다는 생각이 들었다. 이때 새로운 부장으로 부임해 온 사람이 마케팅부에 있던 F부장이었다.

F부장은 "자, 한 번만 더 해봅시다. 용기를 내서 제대로 된 인사제도를 한번 만들어봅시다"라고 인사부 사람들을 격려했다. 프로젝트는 또다시 재개되었다.

그때까지 내가 봐온 상사들은 주로 직선적인 성격을 가지고 있었다. 그런데 F부장은 "직선적인 스타일로는 이 프로젝트를 진행할 수 없네. 약하게 나갈 때와 강하게 나갈 때를 구별해 가면서 해야지"라고 말했다. 현실적이고 유연한 사람이었던 것이다.

102 25세부터 시작하는 경쟁력 프로젝트

F부장은 높은 자리에 있는 간부나 상사들을 상대로 사전 교섭을 굉장히 잘했다. F부장이 사장실에 들어갈 때 나도 몇 번 따라 들어간 적이 있다. 그는 인사제도 중에도 사장이 특히 관심을 갖고 있는 부분을 부각해 제도 전체에 대해 사장이 납득할 수 있도록 설명했다. 그리고 "이 부분은 이렇게 사장님께서 바라시는 쪽으로 진행하고 있습니다"라는 식으로 설명을 매듭 지었다. 그러고는 다른 임원들을 모두 찾아가 일일이 사장에게 보고한 내용을 상세하게 설명해 주었다.

F부장은 남을 설득하는 재능도 뛰어났지만 특히 마케팅 분야에서는 호텔업계에서 모르는 사람이 없을 정도로 유명한 사람이었다. 그 정도로 주위에서 인정받을 만큼 실력이 뛰어난 사람이, 자신의 의견을 뒷받침할 근거를 빈틈없이 준비해 임원 회의에서 발표를 하니 어느 누구도 F부장의 의견에 반대하지 못했다. 내가 초안을 잡았던 인사제도 개혁안은 세 번째 부장인 F부장을 만나 드디어 빛을 보게 되었다.

F부장은 사람을 사귀는 데 천부적인 자질이 있었다. 회사를 벗어나 다양한 분야에 걸쳐 쌓은 인맥이 상상을 초월할 정도였다. 그는 하루가 멀다 하고 식사나 술 약속을 가졌다. F부장과 친분이 있는 사람들 중에는 디자이너, 피아니스트, 스튜어디스, 예능계 프로덕션 관계자 등 다양한 분야의 사람들이 많았다. 그렇게 여러 사람들을 만나면서도 F부장은 "호텔 영업

스승 만들기 3장 | **103**

이든 뭐든 비즈니스를 하려면 항상 고객 입장에서 생각해야 한다"는 말을 자주 했다.

"현장에서 나오는 소리에 귀를 기울여야 한다"라고 말한 S부장과 "항상 고객 입장에서 생각해야 한다"고 말한 F부장, 이 두 사람으로부터 나는 참으로 많은 것을 배웠다.

14

쉬운 사람 되기

나는 실제 나이보다 어려 보이는 외모 때문에 신입 컨설턴트였던 30대 초반에는 고민이 많았다. 내가 상대했던 고객들은 주로 나보다 나이 많은 40대와 50대였기 때문에, 내가 너무 어려 보이면 그들이 나를 쉽게 신뢰하지 못할 것 같았기 때문이다.

그래서 컨설턴트가 되어 처음 고객을 상대했을 때, 일부러 어려운 단어와 한자어를 많이 썼다. 하지만 얼마 지나지 않아 그것이 어리석은 행동이라는 것을 깨달았다. 고급스러운 문장과 어려운 어휘를 쓰는 것 자체가 오히려 보고서에 대한 이해를 떨어트릴 뿐이었다. 고객들은 내 말을 쉽게 알아듣지 못했고, 당연히 보고서의 핵심 내용을 한 번에 이해하지 못했다.

이런 경험을 통해 나는 '어려운 것을 어렵게 설명하는 것은 교수 같은 학자들이나 할 일이고, 고객을 상대하는 컨설턴트라면 어려운 것을 쉽게 설명할 수 있어야 한다'는 사실을 깨달았다. 그후로 나는 지금까지 이 깨달음을 항상 실천하려고 노력하고 있고, 이제 사회생활을 시작하는 젊은 컨설턴트들에게도 언제나 이 조언을 해준다.

그러나 조언을 듣는 것만으로는 부족하다. 실제 상황에서 겪어보아야 확실하게 체득할 수 있기 때문이다. 이런저런 고객들을 만나면서 한 번쯤 세게 부딪혀봐야 이런 깨달음을 온몸으로 실감하게 된다. 진정으로 느끼지 못하면, 머리로는 이해를 하면서도 행동으로는 어려운 말만 늘어놓게 마련이다. 고객의 입장을 제대로 헤아리지 못하는 것이다.

컨설턴트가 고객을 상대할 때는 얼마나 쉽게 이해할 수 있도록 말하는가가 중요하다. 그것이야말로 고객으로부터 신뢰받을 수 있는 컨설턴트가 되는 지름길이다.

어려운 것을 쉽게 말하는 법

나는 여러 고객들을 만나면서 많은 것을 배운다. 그들과 업무적으로 또는 인간적인 면에서 부딪혀가며 쌓은 경험이, 훗날 내가 어려움에 처했을 때 그것을 극복해 나가는 원동력이 되기도 했다. 어떻게 보면 고객들이 나를 단련해 준 셈이다.

한번은 자전거 브레이크를 전문적으로 공급하는 부품 회사와 일을 한 적이 있다. 같은 업계에서는 상당히 크고, 브레이크 제조에 있어서는 국내 최고 수준을 자랑하는 회사였다. 그 회사에서 관리직에 연봉제를 도입하게 되었다면서 의뢰를 해 왔다.

이 프로젝트는 인사부가 단독으로 전체를 관장하는 게 아니라 여러 부서 직원들로 교차 업무 지원팀을 만들어 함께 검토하는 식으로 진행되었다. 이 프로젝트팀의 리더였던 사람이 영업부 과장 U씨였다.

U씨는 인사 쪽 일에 관해서는 아마추어 수준이어서 무슨 이야기를 하든 본질적인 질문부터 시작했다. 평소 인사부 사람들과 만나 일을 할 때는 다같이 공유하는 상식이나 경험이라는 게 있기 때문에 회의가 순조롭게 진행되었는데, U씨는 인사 쪽에 관한 상식을 전혀 모르는 사람이었다.

지금까지도 잊혀지지 않는 일이 있다. 회의에서 U씨가 "직능급職能給과 직무급職務給이라는 것이 있는 모양인데, 양쪽의 장점을 취하는 제도를 만들 수는 없는 겁니까?"라고 질문했다. 인사 쪽 전문인 사람들은 직능급과 직무급이 본질적으로 다르다는 것을 알고 있기 때문에, 그러한 질문을 하리라고는 상상도 하지 못했다. 나는 U씨의 질문에 무얼 어떻게 말해야 할

스승 만들기 3장 | **107**

지 몰라 순간 당황했다.

나는 좀더 조리 있게 설명해 보려고 노력했지만, "직능급과 직무급은 각각 어디에 중점을 두느냐 하는 기본적인 시각 자체가 다르기 때문에 양쪽의 장점만을 취할 수는 없습니다"라는 상식적인 대답밖에 할 수 없었다.

하지만 나는 그 대답을 하면서 지금까지 한 번도 직능급과 직무급의 본질적인 부분을 깊이 생각해 본 적이 없다는 사실을 깨달았다. U씨는 아무래도 납득이 되지 않는 모양이었다.

수많은 경험을 해온 지금에 와서 생각해 보면, 그때 일이 참 미안하게 느껴진다. U씨가 제안한 대로 양쪽 제도에서 장점만을 취해 적용하는 일이 전혀 불가능한 것만은 아니라는 생각이 들기 때문이다.

프로젝트를 진행할 때 U씨는 문제의 근본적인 부분에 대해 계속 질문을 퍼부었고 나는 그 질문에 대답해야만 했다. 그러는 사이에 나는 사물의 본질적인 문제를 터득해서 상대방이 알아듣기 쉽게 설명하는 능력을 갖출 수 있었다.

또한 U씨는 영업 쪽 일을 주로 해온 사람이기 때문에 인사제도에 대해 이야기할 때도 항상 영업하는 사람의 시각에서 자기들이 흔히 사용하는 단어로 바꿔 말했다. "지금 시바타 씨가 하신 말씀은 예를 들어 도요타에 부품을 판다고 했을 때 이런 식으로 된다는 말씀이군요?"라는 식으로.

그는 자신의 전문 분야와 연관 지어 질문하고 확인해 가며 완벽하게 이해하려고 노력했다. 그런 U씨를 보면서 설명을 할 때는 듣는 사람의 입장에서 상대방의 이해 범위 내에 깊숙이 들어가야 한다는 사실을 절실히 깨달았다.

내가 있을 자리는 어디인가

지금은 축구 코치 회사에서 COOChief Operating Officer(최고운영책임자)를 맡고 있는 I씨가 있다. 그는 U씨와 비슷한 성격을 가진 사람으로, 본질적인 문제들을 중요하게 생각했다.

I씨는 본래 J리그에서 젠닛쿠(지금의 요코하마) 소속 선수를 지냈다. 무릎 부상으로 인해 비교적 일찍 은퇴하고 모회사 계열의 호텔에서 인사부 일을 하고 있었다.

내가 I씨를 알게 된 것은 그 호텔의 인사개혁 프로젝트에 참여할 때였다. 호텔에서 근무한 경험이 있어서인지 I씨와 잘 맞았고 그만큼 더 가깝게 지냈다. I씨 역시 본질적인 것에 대해 질문을 많이 하는 사람이었기 때문에 나는 거기에 일일이 대답하느라 진땀깨나 흘렸지만, 그 덕에 훈련이 많이 되었다.

I씨는 인사제도 개혁안을 열과 성을 다해 완성했다. 하지만 모회사가 자신의 프로젝트 결과물에 대해 우유부단한 반응을 보이자 거기에 불만을 품고 회사를 나왔다. 그후 I씨는 외국계

아웃도어 의류 회사로 옮겨 일했지만, 자신이 있을 자리는 아니라는 생각이 들었다. 본래 하던 축구와 관련된 일을 하고 싶었던 것이다. 지금은 세계적으로 유명한 회사가 됐지만, 당시에는 아직 작은 규모의 축구 코치 회사로 옮길 때 I씨는 적잖이 고민에 빠졌다.

축구 코치 기술을 가르치는 그 회사는, 능력 있는 축구 코치를 많이 양성하고 어린 선수들을 길러내 전국적으로 축구 붐을 일으키겠다는 목적을 갖고 있었다. 또한 은퇴한 프로 축구 선수들에게 일자리를 제공한다는 취지도 있었다.

I씨는 그 회사에 가야 할지, 말아야 할지를 놓고 나에게 상담을 청했다. 내가 I씨의 생각을 묻자 그는 "나는 역시 축구 관련 일을 하고 싶어"라고 말했다. 나는 "그 정도로 하고 싶으면 그쪽으로 가는 게 좋지 않겠어?"라고 조언했다.

I씨는 결심을 굳혀 축구 코치 회사로 들어가 자신이 하고 싶은 일을 했다. 지금 굉장히 큰 규모로 발전하고 유명해진 그 회사에서 I씨는 COO로 활약하고 있다.

당신이 내 입장이라면?

스포츠와 관련된 이야기가 하나 더 있다. 나는 세계적으로 유명한 스포츠 용품 회사의 일본 법인 설립을 도와준 적이 있다. 당시 그 회사 사장이었던 프랑스인 C씨는 지금도 가끔 떠오른다.

C씨는 한일 월드컵이 열린 후 아시아 지역 대표로 승진되어 지금은 일본을 떠나 있다. 하지만 내가 그와 함께 일할 때 그가 나에게 끊임없이 했던 말이 있다. "컨설턴트를 하지 말라"는 것이었다.

그는 내 얼굴을 빤히 쳐다보면서 "나는 컨설턴트가 정말 싫다"는 말을 자주 했다. 이유를 묻자 "제안만 잔뜩 늘어놓고 결과에 대해서는 전혀 책임을 지지 않는다"고 말하는 것이었다. C씨 입장에서는 제삼자인 컨설턴트가 경영에 대해 이것저것 참견하는 것이 참을 수 없었던 것이다.

'동료처럼 친하게 지내자'며 친근감을 표시할 때는 물론 기뻤지만, 컨설턴트를 비난하는 소리를 듣고 있자니 기분이 좋지 않았다. C씨의 말은 대충 이런 뜻이었다.

일반적으로 컨설턴트라는 것은 하나의 과제에 대한 해결책으로 A, B, C안을 제공한다. 그리고 "이것을 참고하시고 그다음은 경영하는 입장에서 판단하세요"라며 항상 고객에게 판단을 미뤄버린다는 것이다.

이럴 때 고객은 "무슨 말인지는 알겠는데 당신이 내 입장이라면 어떤 것을 선택하겠는가?"라고 묻고 싶다는 것이다. 위험 부담을 없애기 위해 애매모호하게 이야기하지 말고 최상의 해결책이 무엇인지 확실히 정해 줘야 한다는 것이다. 그리고 그는 이렇게 덧붙였다.

"컨설턴트들이 대부분 이런 식이다 보니 실제로 회사 측에서도 컨설턴트들의 의견을 곧이곧대로 따르는 경우가 거의 없다. 나는 당신을 좋아하니까 당신의 의견을 참고 삼아 한번 듣고 싶다는 생각으로 컨설팅을 받았던 것뿐이다. 결국 최종적으로는 내 책임 아래 나 스스로 판단을 내렸던 것이다."

나는 그의 말을 듣고 많은 것을 깨달았다. 컨설턴트나 고문 변호사와 같은 직종의 사람들 중에는, 고객의 입장을 먼저 고려하고 리스크를 감수하고서라도 책임 있게 의견을 제시하는 사람들이 많지 않다.

나는 컨설턴트로서 고객인 기업체에 가서 경영에 대해 코치를 하지만, 나에게 있어 최고의 코치는 바로 고객이다.

4

리스크 감수하기

15
남의 이익을 위해 위험 무릅쓰기

나는 현재, 앞서 언급했던 세 개 업무 외에 머서 사가 큰 기대를 갖고 세계 모든 지사를 대상으로 진행 중인 '개혁실행팀Transition Team'의 멤버이기도 하다.

뉴욕에 있는 본사 사장과 함께 머서 사 내부의 세계적인 개혁을 실현해 나가는 게 개혁실행팀의 역할이다. 다섯 명밖에 안 되는 개혁실행팀에 내가 지명될 수 있었던 계기는 2년 전 런던 회의에서였다.

본질적인 문제 제기하기

머서 사는 세계적인 파트너들이 참가하는 회의를 세계 각지에서 정기적으로 개최한다. 내가 '월드와이드 파트너'로 승진한 후 처음으로 참가했던 회의가 2003년 런던 회의였다. 그 회의에서 중심이 되었던 의제 중 하나는, 세계적으로 유명한 고객들로부터 머서 사 컨설턴트들이 적극적이지 못하다는 지적을 받고 있다는 것이었다.

고객이 요구하는 것을 정확하게 해내기는 하지만, 고객이 요구하기에 앞서 무언가를 해주지는 않는다는 것이다. 그래서 이번에는 해결책을 찾아내 그 무언가를 해야만 한다는 것이었다.

나는 처음 참가하는 월드와이드 파트너 회의인 만큼 잔뜩 기대를 하고 있었다. 그런데 논제가 아무래도 납득이 가지 않았던 것일까, 모두 본질적인 문제를 피하고 있다는 느낌을 들었다. 나는 회의가 끝난 후 참가했던 멤버 몇 명을 만난 자리에서 내 느낌과 생각을 말했다.

또한 내 나름대로 본질적인 문제에 대해 정리한 메모를, 나를 평가하고 있던 상위 경영자에게 보냈다. 내 메모의 핵심 포인트는 '글로벌 수준의 중장기적인 방침이 제대로 만들어지지 않았다'는 것이었다.

이것은 톱매니저들을 향한 비판이기도 했다. 그런데 그 상위 경영자는 내 메모를 톱매니저들에게 그대로 전달해 버렸다. 톱매니저들이 모두 내 메모를 읽었고, 급기야 월드와이드 파트너들에게까지 퍼져나갔다. 결국 구설수에 오르게 된 나는 여러 사람들로부터 "당신 말이 옳기는 하지만 상당히 건방지다"는 말을 들었다.

톰 크루즈 주연의 영화 〈제리 맥과이어〉에는 프로 스포츠 선수들의 에이전트인 주인공이 회사의 문제점을 지적하고 폭로하는 장면이 나온다. 동료들은 주인공에게 박수를 보내며 응원하지만, 결국 경영자로부터 미움을 사 해고되고 만다.

평소 알고 지내던 파트너가 나에게 "자네는 지금 그 영화 주인공하고 똑같은 상황에 처했네"라고 말했다. 솔직히 나도 조금 안절부절못했다. 이런 경우에 딱 들어맞는 표현이 "모난 돌이 정 맞는다"는 속담이었다.

경영자들의 권한이 강하고, 인재의 이동이 빈번한 서구 기업 사회 풍토에서 주제넘게 나서다가는 그 자리에서 보따리를 싸게 된다. 지금 다시 생각해 봐도 그때 나는 벼랑 끝에 서 있지 않았나 싶다. 당장 내 목이 날아간다고 해도 이상할 일이 아니었다. 실제로 해고될 가능성이 높았던 것이다.

그후 머사 사에 CEO(최고경영책임자)가 새로 부임해 오고, 회사 전체의 조직과 인사가 대거 바뀌었다. 얼마 후 뉴욕으로 출장을 갔을 때 나는 머서 사의 모기업인 MMC의 국제 사업을 총괄하는 임원에게 불려갔다. 그 사람은 나에게 "자네가 제시했던 보고서를 여기 MMC의 톱매니저들도 모두 보았네.

머서 사가 이번에 대규모 조직 개혁을 하게 만든 것도 바로 자네이니 책임감을 느껴야 하네"라고 말했다. 다시 말해 내 보고서가 머서 사 CEO의 교체라든가 경영 방침의 변경 등의 계기가 됐다는 것이다.

나중에 알고 보니 나뿐만 아니라, 다른 나라의 몇몇 파트너들도 나와 비슷한 제언을 했다고 한다. 그래서 MMC에서는 변화의 필요성을 느끼고 머서 사에 조직 개편을 지시한 모양이었다.

나는 이것을 계기로 "자네도 솔선수범해서 머서 사의 개혁을 수행하게"라는 말과 함께 "자네가 이 개혁안을 맡게"라는 지시를 받았다. 이렇게 해서 개혁실행팀 멤버로서의 역할까지 총 다섯 가지 역할을 떠맡게 되었다. 결국 '말을 꺼낸 사람이 해결하라'는 식이 된 것이다.

한번 내뱉은 말 책임지기

네덜란드 주재 일본 대사관에서 몇 년간 파견 근무를 마치고 게이오프라자 호텔로 복귀했을 때도 비슷한 일을 겪었다. 호텔로 돌아간 직후 야간 프런트 업무를 맡았는데, 새벽 1시까지는 꽤 바쁘지만 2시부터 아침까지는 사실 별로 할 일이 없었다. 그때 나는 비몽사몽 간에 시간을 보내는 대신 조리실이나 바에 가서 다른 부서 사람들과 이야기했다.

다른 부서 사람들과 이야기를 나누면서 느낀 것은 대부분 회사 조직과 인사제도에 대해 상당히 불만이 많다는 것이었다. 호텔 임원들 대부분이 모회사인 게이오 전철에서 파견 나와, 호텔 경영의 세부적인 사항에 너무 어둡다는 생각을 하고 있었다. 또한 인사제도도 게이오 전철에서 그대로 따와 호텔업의 특성을 제대로 반영하지 못하고 있다는 것이다.

사람들의 불만을 들을 때마다 나는 "그런 것들은 우리들이 바꿔나가지 않으면 안 된다"는 말을 자주 했다. 그런데 결국은 그 말이 노조 간부의 귀에까지 들어갔다. 그러자 그는 나에게 "불만 사항이 있으면 직접 조합에 와서 해결해 보라"고 하면서 노조 집행부로 스카우트해 버렸다.

사실 이 일이 벌어지기 전에 한 가지 사건이 있었다. 네덜란드에서 복귀하고 나서 첫 급여 명세서를 받았는데 거기에는 12만 엔 정도의 액수가 적혀 있었다. 입사한 지 5년이 지났는데 급여가 낮아도 너무 낮아 조합에 문의를 하러 갔다.

당시 외무성에서는 대사관 근무 몇 차례 하면 집안이 편다는 말이 나돌 정도였다. 사실 나도 네덜란드 주재 당시에는 꽤 여유로운 생활을 했다. 급여는 한 달에 40~50만 엔 정도였고 집세 부담도 전혀 없었다. 대사관에서 일하는 사람들은 가끔 집에 손님을 초대할 일이 있기 때문에 좋은 집이 제공되는데,

독신인 나도 꽤 큰 집에서 살았다.

그런 생활을 하다가 일본으로 돌아와 밤늦게까지 허덕이며 열심히 일해도 손에 쥐는 게 고작 한 달에 12만 엔 정도였다. 나는 황당한 마음에 급여 명세서를 들고 조합을 찾아갔다. 그러자 조합 위원장이 나오더니 "자네 사정은 잘 알고 있네. 하지만 자네 동기 중에 자네 급여가 가장 많다네"라고 말했다.

그때 내가 묻고 싶었던 것은 상대적으로 급여가 많고 적고가 아니라, 열심히 일한 것에 비해 너무 형편없다는 것이었다. 그러나 그 점에 대해 위원장은 아무 대답도 하지 않았다.

이 일로 인해 조합 간부들이 나를 기억하고 있었던 것 같았다. 호텔 여기저기에서 "회사를 새롭게 바꾸자"는 말을 하고 다녔던 나는 "그러면 조합으로 와서 일하라"는 요구를 받아들여 노조 집행부에서 일하게 되었다.

마침 그때 조합은 인사제도의 변화에 대해 협의하고 있었고, 조합 측의 의견을 회사에 제안하는 절차를 밟고 있던 참이었다. 그런 상황을 전혀 모르고 조합에 들어갔는데, 부위원장이 "이 일은 시바타 자네가 하게"라고 부탁했다. 그렇게 해서 나는 노조 입장에 서서 발표할 안건을 준비하게 되었다.

그 당시 회사는 노조원들에게도 너그러웠다. 프런트 업무만 보고 있던 나에게 "이제 노조 일에만 전념해도 좋다"며 배려해 줄 뿐 아니라 인사제도 개혁안을 작성하는 동안 스위트룸 하나를 마련해 주기도 했다. 그 방에서 나는 일 분 일 초도 헛되게 쓰지 않고 일했다.

노조 집행부 직원이 되어 인사제도 개혁안을 작성해 나가면서, 회사 측과 단체교섭 회의도 몇 차례 가졌다. 회의에서 내 의견을 열심히 발표하고 있는데 회사 측이 나에게 이런 지적을 했다. "지금 당신이 말하는 내용들은 조합원으로서의 시각이라기보다 경영자의 시각이지 않은가."

회의 후 나는 일단 회사 입장에서 생각하는 개혁안을 다시 작성하라는 제안을 받았다. 마침 조합원으로서 할 수 있는 일에 대해 한계를 느끼고 있던 나는, 인사부로 옮겨가 인사제도 개혁에 온힘을 쏟았다.

새로운 인사제도가 도입되기까지 여러 가지 우여곡절을 겪은 끝에 3년이라는 시간이 걸렸다. 하지만 나는 신입 사원 채용과 같은 업무도 겸하면서 끝까지 개혁안을 진행했다. 그것은 역시 '말을 꺼낸 사람'으로서 책임감이 있었기 때문이다.

'말을 꺼낸 사람'이 끝까지 해결해야 한다는 것은 동서양을 막론하고 어느 사회에서나 관례와 같다. 나 역시 말을 꺼낸 사람이 책임지는 게 옳다고 생각한다. 자신이 한 말에 책임을 가지고 하다 보면 불가능할 것 같은 일도 결국은 가능해지고, 자신의 능력 또한 키울 수 있다.

16

회의에서 가장 먼저 손 들기

나는 현재 경영자들이 개인적으로 참가하는 경영동우회라는 단체에 소속되어 있다. 경영동우회 주요 멤버들은 매년 여름 가루이자와에서 세미나를 가지는데, 나는 2005년에 처음 참가했다.

회원 중에 40대 젊은 경영인은 어느 외국계 증권회사 사장과 나, 둘뿐이다. 다른 회원들은 일본IBM 회장, 가오(화장품 및 생활용품 업체) 전 부사장 등 대부분 50대부터 70대에 이르는 연령대로 모두 서른 명 정도이다. 40대 정도면 그 모임에서는 가장 젊은 축에 든다.

한번은 '일본에서 사외 임원 수를 늘리려면 어떻게 해야 하는가'라는 주제로 논의를 할 때 나는 대뜸 이렇게 말했다.

"그것은 지금 여기 있는 사람들이 빨리 은퇴해서 사외 임원이 되면 해결되는 일입니다. 회사에 마지막까지 남고 싶어 상담역 같은 자리를 차고앉아 콩이야 팥이야 하며 후배들의 가능성을 닫아버리거나 괴롭히지 말고요."

당시 초일류 기업의 영향력 있고 경험이 풍부한 경영자라는 자부심을 가지고 있던 사람들 앞에서 그렇게 말했던 것이다. 평소 하고 싶었던 말이기는 했지만 나이 지긋한 사람들이 보기에는 젊은 사람이 분위기 파악 못 하고 건방지게 내뱉은 것이나 마찬가지였다.

나는 말을 하면서 아차 싶었다. 하지만 다행히 회원들은 내 주장에 대해 무차별적인 비판을 하지는 않았다. 경영동우회에서는 대부분 상대방의 의견을 경청하고 받아들이는 분위기였기 때문에 오히려 여러 사람들이 내 발언을 인용하면서 자신의 생각을 이야기했다.

더욱 감동했던 것은 발언자가 여러 명 있었는데, 그들 자체가 퍼실리테이터facilitator처럼 행동했던 점이었다. 퍼실리테이터란 회의장에서 분위기를 띄우는 진행자라고 할 수 있다. 가루이자와 모임에서는 참가자들이 다른 사람의 발언을 인용하면서 자신의 주장을 피력하는 모습을 볼 수 있었는데, 이런 분위기 때문에 회의가 더욱 건설적인 방향으로 진행되었다.

컨설턴트 일을 하고 있는 나는 지금까지 수많은 회의를 경험해 봤지만, 참가자 모두 참여해서 활발하게 자신의 주장을 펼치고 안건을 발전시켜나가는 회의를 보지 못했다. 그런데 경영동우회에서 '이런 것이야말로 진짜 수준 높은 회의구나'라고 느꼈다. 훌륭한 사람들이 모이는 세미나에 참가했던 것만으로도 나에게는 큰 소득이자 경험이었다.

회의에서 무조건 발언하기

아쉽게도 경영동우회에서 경험한 것과 같은 회의를 현장에서는 거의 볼 수 없었다. 무엇보다 회의에서 발언을 전혀 하지 않는 사람들이 대부분이기 때문이다. 발언을 하는 사람만 하고 나머지는 묵묵히 듣고만 있는 것이 대부분의 회의 풍경이었다.

왜 회의에 참석하고도 자기 주장을 하지 않는 것일까. 물론 의도적으로 발언을 하지 않는 사람들도 있다. 이런 사람들은 자신의 의사를 정확하게 표시하고 지명받았을 때 몇 가지 의견을 말하기 때문에 그나마 괜찮다. 하지만 문제는 지명을 받아도 "별다른 의견이 없습니다"라고 말하는 사람들이다.

회의를 주최한 쪽 입장에서 보면 "의견이 없습니다"라는 말은 굉장히 곤란한 표현이다. 이번 논의에 대해 찬성하는지 혹은 반대하는지를 정확하게 알기 위해 회의에 참석한 것 아닌

가. 그런데 그런 자리에서 자기 의견이 없다고 말한다는 것은 어쩌면 무책임한 행동이다.

회의 주최자 측에서는 의논하고 있는 내용을 이해하지 못하고 있다면 최소한의 질문이라도 하는 것이 옳은 태도라고 생각할 것이다. 하지만 그런 사람들은 질문도 하지 않는다. 이런 상황에서 그 사람들은 이 회의와 의제에 대해 무관심하다고 밖에 생각할 수 없다. 특히 나라 밖에서 열리는 국제회의에서 그런 태도를 보인다면 좋지 않은 인상을 줄 게 뻔하다.

하지만 "특별한 의견이 없습니다"라고 말하는 사람들이 정말 관심이 없느냐 하면 꼭 그런 것도 아니다. 그들 중 어떤 이는 회의 중 자신의 의견을 자신 있게 발표할 수 없어서 아무 말도 하지 않다가 회의가 끝난 후에 의견을 표명하는 경우도 종종 있다.

하지만 회의장 밖에서 의견을 표명하는 것은 회사 규칙상 공평한 처사가 아니므로, 내 경우 그런 사람들에게는 "의견이 있으면 모두 참석한 회의에서 말하세요"라고 말한다. 그러자 이번에는 회의가 끝난 후에도 아무런 의견을 말하지 않는 것이었다. 자기 의견을 누구에게도 말하지 않고 혼자 꿀꺽 삼켜 버린 것이다. 안타깝게도 내 경험에 비춰보면 이러한 경우가 상당히 많다.

생각은 2분 내로 정리한다

회의 중 자신의 의견을 명확하고 자신 있게 발표하지 못하는 직원들을 어떤 식으로 가르쳐야 할까. 결론부터 말하면 '생각을 빨리 정리해서 말하기' 훈련을 먼저 해야 한다. 어떤 안건이든 상관없다. "저는 이렇게 생각합니다. 그 이유는……"과 같은 흐름으로 2분 이내에 자신의 생각을 정리해서 말하는 훈련을 하는 것이다.

팀 미팅이나 아침 회의에서 리더가 팀원 전원에게 "사원 식당의 메뉴에 대해 어떻게 생각합니까"와 같은 친근한 화제에 대해 의견을 묻고 전원이 발언할 수 있는 기회를 만드는 것도 좋다. '결론은 간결하고 짧고 명확하게 말한다'는 생각으로 경험을 늘려가면 누구나 자신의 의견을 제대로 발표할 수 있게 된다.

그 외에 자신의 생각을 200자로 정리하는 훈련을 권한다. 나는 1년 동안 매일 아침 출근하기 전에 신문 1면에 실린 기사를 200자 내로 정리하는 훈련을 했다. 지금도 내가 쓴 문장과 발언이 쓸데없이 길고 지루하다는 생각이 들 때는 이런 훈련을 몇 번 반복한다.

"회의에 참석할 때는 한 번이라도 반드시 발언을 하세요. 그것도 가능하다면 가장 먼저 하는 것이 좋습니다."

리스크 감수하기 **4장** | **125**

이것은 내가 초등학교 3학년 때 담임이었던 쇼타쿠 선생님이 하신 말씀이다. 프로레슬러처럼 우람한 체격을 가진 그녀는 매일 아침 오토바이를 타고 출근했다. 쇼타쿠 선생님은 "회의에서 발언하지 않으면 참석한 의미가 없다"고 말하면서 적극적으로 자신의 생각을 표명하는 것이 얼마나 중요한 일인지를 초등학교 때부터 가르쳐주셨다.

나는 쇼타쿠 선생님의 가르침을 지금도 가슴 깊이 간직하고 실천하려고 노력한다. 학생 시절은 물론 사회인이 되고 처음 참석한 회의나 해외에서 열린 회의에서도 "그래, 해버리자!"는 생각으로 손을 번쩍 들어 발언했다.

어떤 때는 버거울 때도 있지만, 자기 자신을 갈고 닦는 데 무엇보다 좋은 방법일 뿐 아니라 질문하려면 상대방의 말을 경청해야 하므로 오로지 회의에 집중할 수 있었다. 자기 계발을 위해 꼭 권해 주고 싶은 방법이다.

머서 사라는 글로벌 기업에서 내가 짧은 기간 내에 많은 사람들에게 이름을 알렸던 것은 쇼타쿠 선생님의 가르침을 살려 어떤 장소에서든 솔선해서 내 의견을 표명했기 때문이다. 두 번째, 세 번째 발표한 사람의 얼굴은 잊혀질 수 있지만 처음 발표한 사람의 얼굴은 모두 기억하게 마련이다.

특히 글로벌 기업에서는 발언을 장려하면서 그것이 회의 내용과 관련이 있든 없든 자신의 의견을 말하는 것 자체를 존중

한다. "우리 회사가 당신을 채용한 이유는 당신의 개성을 존중했기 때문이다. 틀려도 좋으니 의견을 말하라. 당신만의 개성이 담긴 독특한 의견을 말하라. 그렇게 하지 않으면 당신이 이 회의에 참가할 이유가 없다." 이것이 글로벌 기업의 생각이다.

'지명되지 않으면 발언하지 않는다'는 사고방식과 태도는 결코 바람직하지 않다. 그런 사람들은 능숙하게 자기 주장을 할 수 있도록 거듭 훈련해야 한다.

17

괴롭히는 선배와 대화하기

어떤 조직이든 자신과 맞지 않는 상
사나 선배가 있게 마련이다. 게이오프라자 호텔 연회서비스부
에서 일하던 시절 만났던 8년 선배 O씨가 그런 유였다.

언뜻 착해 보이지만 O씨는 지나가는 사람의 발을 걸어 넘어
뜨리거나 약한 사람들을 괴롭히고, 틈만 나면 일은 나 몰라라
내팽개치고 경마 신문이나 읽고 있기 일쑤였다.

연회서비스부의 일이라는 게, 특히 토요일과 일요일은 너무
바빠서 밥 먹을 틈도 없을 정도이다. 그래도 가끔 10분이나
15분 정도 짬이 날 때가 있어, 그 시간에 때늦은 점심을 하는
것이 보통이었다.

한번은 내가 짬이 나서 점심 식사를 하러 가기 전에 O씨의

허락을 받으려고 찾아다니다 결국 찾지 못했다. 언제나 은밀한 곳에서 경마 신문을 읽고 있는 그였기에 찾기가 쉽지 않았다. 점심 식사를 하고 돌아오자 O씨는 허락도 받지 않고 식사하러 갔다며 화를 냈다.

그런 일을 여러 번 겪게 되자 O씨와 마주치는 것조차 싫었다. 그리고 점점 근무 시간이 겹치는 것을 피하게 되더니 결국은 O씨와의 사이가 좋지 않게 되어버렸다. 그런 날이 계속되자 내 마음도 편하지만은 않았다. 나는 한 회사에서 근무하는 한 '좋든 싫든 직접 마주하는 수밖에 없다'는 생각이 들어 마음을 바꾸기로 했다. 그 뒤로는 애써 피하던 것을 일부러 O씨와 대화를 나누려고 노력했다.

내가 네덜란드로 가게 됐을 때 송별회를 진행했던 것도 O씨였고 공항까지 배웅하러 나온 것도 그였다. 그때 나는 'O씨를 마냥 피하지 않기를 잘했다'는 생각을 했다.

곤란한 요구에 대처하는 법

대사관 근무를 마치고 호텔로 돌아왔을 때 나는 프런트 업무뿐 아니라 체크인 접수와 UG회 업무까지 담당하게 되었다. UG라는 것은 'Unwelcomed Guests'의 약자로 '환영받지 못한 고객'이라는 뜻이다.

호텔업계에서는 소위 '스키퍼skipper'로 통하는 사람들이 있다. 호텔 방에서 돈이 될 만한 것들을 그냥 가져가는 사람들을 가리키는 말이다. 이들은 객실에 있는 텔레비전까지 감쪽같이 가져가기도 한다. 그런 일을 전문적으로 하는 사람들이 꽤 많아서 호텔업계 사람들이 자위책으로 'UG회'라는 비공식적인 조직을 결성했다. 네덜란드에서 갓 돌아온 나는 영문도 모른 채 그 일을 맡게 됐다.

UG회는 전국적인 조직으로 스키퍼의 피해를 입으면 "우리 호텔에 이러한 고객이 있었는데 주의하세요"라고 가입된 호텔 측에 연락을 취한다. 그때는 인터넷이 보급되기 전이어서 전화나 팩스로 스키퍼에 대한 정보를 교환했다.

나도 UG회 정보 덕분에 위기를 면한 적이 있다. "나리타에 있는 한 호텔에서 여권을 잃어버렸는데, 훔친 사람이 외국인인 것 같다"는 정보를 받았다. 그리고 그 정보를 받은 직후 호텔 정문 쪽을 보니 프런트를 향해 걸어오는 한 외국인이 있었다. 누가 봐도 일본인으로 보이지 않는 그 사람이 '스즈키 이시로'라는 이름이 지저분하게 적힌 여권을 내밀었다. 나는 '이 사람이다'라고 생각해 "여권을 보여주시고 잠시 기다리십시오"라고 말한 뒤 데스크 뒤에서 확인했다. 시간이 조금 지체되자 어느새 도망가버려 잡지는 못했지만 호텔의 손실은 막을 수 있었다. 조직폭력배 또한 내 담당이었다.

내가 프런트 업무를 보던 1989년부터 1990년까지는 소위 '버블 시대' 최절정기였다. 그때는 하루도 빠짐없이 1500실 정도 되는 객실이 비싼 방부터 시작해서 빈 방이 하나도 없을 정도로 예약이 꽉 차 있었다.

더구나 그 당시에는 폭력단에 대한 단속법이 지정되기 전이었고, 호텔이 유흥업소가 많은 시내 한복판 신주쿠에 있었던 만큼 밤 11시부터 여러 폭력단으로부터 전화가 걸려왔다.

"지금 바로 갈 테니까 스위트룸 하나 비워둬."

"대단히 죄송합니다만 현재 만실입니다."

"뭐? 너 이름이 뭐야? 내가 지금 당장 가서 방이 한 개라도 비어 있으면 가만두지 않을 테니 알아서 해."

당시에는 이런 일이 매일같이 일어났다.

또 이런 일도 있었다. 한번은 한밤중에 프런트로 전화가 걸려와 받으니 객실에 있는 손님이 굉장히 경쾌한 목소리로 말했다.

"미안합니다만 룸서비스로 칼을 하나 빌려주십시오."

"어떤 용도로 쓰실 겁니까?"

"아, 어떤 녀석이 우리한테 실수를 했는데, 손 좀 보려고요."

자주 있는 일은 아니었지만 내가 근무하던 기간에만 몇 번 있었다.

폭력단에 속한 사람들이나 난동을 부리며 고함을 지르는 사람들을 상대할 때는 절대 피해서는 안 된다. 내가 먼저 피하려고 하면 이들은 더욱 거칠게 행동한다. 고함을 치면서 난동을 부리는 사람한테 먼저 다가가 사정을 물어보면 상대방을 컨트롤하는 위치에 서게 된다. 나는 도망가지 않고 내 편에서 먼저 다가가는 자세가 중요하다는 것을 UG회 활동을 통해 깨달을 수 있었다.

상대방의 사정거리 안에 먼저 뛰어드는 용기

머서 사에서도 비슷한 경험을 한 적이 있다. 입사한 지 3개월이 채 되기 전에 고객인 기업들을 대상으로 하는 발표회에 참석했다. 현재 급여와 복리 후생 수준이 어느 정도인지 조사한 결과를 발표하는 자리로서 매년 있는 행사였다.

입사한 지 얼마 되지 않았던 나는 접수를 비롯해 여러 가지 잡다한 일을 보고 있었다. 그런데 발표회장에서 외국계 기업 인사 관계자들 사이에 이름이 알려진 한 담당자가 머서 사의 컨설턴트가 발표하는 중간에 끼어들어 이렇게 말했다.

"그 수치는 뭔가 잘못된 것 같군요? 제가 보기에는 말도 안 되는 데이터인 듯한데요."

그는 많은 사람들 앞에서 꼬투리를 잡기 시작하더니 강하게 불만을 터트렸다. 마치 총회꾼(극히 적은 양의 주식을 소유하고 있으면서 주주총회에 참석해 말썽을 부리는 사람)처럼 말이다. 결국 그해의 행사는 엉망으로 끝이 났다.

그 다음 해 발표회를 준비할 때는 작년의 비참한 결과를 모두 기억하고 있던 터라 어느 누구도 먼저 나서서 맡으려고 하지 않았다. 그래서 내가 "그럼 제가 하겠습니다"라고 스스로 손을 들었다.

발표회 준비에 앞서 먼저 한 일은 작년 굉장한 기세로 몰아붙이며 발언했던 그 사람을 만나는 것이었다. 나는 그에게 사과하러 간 것도, 잘 봐달라고 부탁을 하러 간 것도 아니었다. 다만 그 사람이 그토록 격하게 발언했던 것이 머서 사에 기대를 건 때문인지 아니면 총회꾼처럼 단지 짓궂은 장난에 지나지 않는 것인지 알아보기 위해서였다. 그 사람의 의도를 먼저 아는 것이 무엇보다 중요하다고 생각했다.

그는 내 앞에서 여러 가지 문제점을 들며 불평을 늘어놓았다. 하지만 그는 아주 진지했다. 당시 머서 사에는 100개 정도의 기업에서 실제 급여 데이터를 제공받아 '영업 매니저들의 연봉은 1000만 엔 정도가 적당하다'는 데이터를 도출해 냈다. 그런데 그 사람이 다니는 회사의 경우 중위수中位數(중앙값)가 매년 정상 범위에서 벗어나 그 수치가 맞지 않다는 것이었다.

사실 중앙값이 매년 오르락내리락하는 데이터는 믿을 만하다고 할 수 없었다. 그가 머서 사 컨설턴트에게 "왜 중위수 변동이 그리 심할까요?"라고 물었더니 "통계 대상 기업들이 매년 동일하지 않고 일부가 끊임없이 교체되기 때문에 변동이 크게 나타난 겁니다"라고 대답했다고 한다.

하지만 현장에서 직접 일하는 입장에서는 납득하기 어려운 대답이었다. 그래서 나는 리서치 과정에서 그 회사가 제출한 자료를 모두 뽑아내 그 그룹의 추세 자료도 함께 발표하자고 설득했다.

그리고 그에게 발표회에서 모두冒頭 발언을 해달라고 요청했다. 그는 발표회에서 어떻게 하면 사용자가 그 데이터를 더 잘 활용할 수 있는지 이야기해 주었다. 충분히 사전 협의를 거친 뒤 가진 발표회는 아무런 문제 없이 매끄럽게 진행되었다.

'어떠한 문제가 발생했을 때는 피하지 말고 상대방의 사정거리 안으로 먼저 뛰어들어야 한다'는 사실을 이 발표회 진행 경험을 통해 깨달았다. 이런 태도야말로 문제를 가장 현명하게 해결하는 지름길이다.

18

틀부터 짜는 습관

얼마 전 한 홍콩 현지 법인 자회사의 사장으로 재직하고 있는 I씨를 3년 만에 만났다. I씨가 회사에서 진행하는 '간부 양성 코스' 1기생이었을 때 나는 '인사·조직 매니지먼트' 강의를 맡고 있었다.

그 당시 I씨와 여러 가지 대화를 나눴는데, 그중 조직 개혁에 착수할 때 '먼저 틀부터 짜는 게 중요'하다고 했던 말이 기억난다. 조직 내에서 개혁을 성공적으로 진행하기 위해서는 일곱 가지 사항에 유의해야 한다는 것이 나의 지론이다.

1. 비전으로 관계자들을 끌어당겨라.
2. 나와 뜻이 맞지 않는 사람이라도 그들의 힘을 빌려라.

3. 조직 규모를 축소해라.

4. 개혁은 가장자리부터 시작하라.

5. 구체적인 성과를 적극적으로 보여줘라.

6. 성과를 공유하라.

7. 고객을 끌어당거라.

'틀부터 짠다'는 것은 '성과를 보여주기' 위한 하나의 수단이다. 예를 들어 I씨 회사에서 진행했던 '여성 인력의 활용' 부분을 살펴보자. 이 방침을 결정했다면 여러 말 할 것 없이 목표로 정한 인원수만큼 여직원들을 단번에 간부로 진급시키는 것이다. 이렇게 하면 외부에서 볼 때 '여성 인력을 제대로 활용'하는 조직이라는 것을 한눈에 알 수 있다는 것이다.

하지만 현명한 인사 담당자는 이런 방법을 마뜩찮아할 것이다. 그리고 "명확하게 정해진 진급 기준 없이 단지 인원수를 맞추려고 여직원들을 간부로 등용하는 것은 옳지 않습니다" 라고 말할 게 뻔하다. 또한 경영자들은 이렇게 말할 것이다.

"사내의 남자 직원들로부터 불공평한 처사라는 건의가 계속 올라오고 있습니다. 여직원들을 한꺼번에 등용했을 때 승진할 기회를 빼앗긴 남자 직원들의 의욕이 떨어지는 사태는 어떻게 수습할 것입니까? 반면 여직원들 중에도 승진하지 못한 직원들은 회사의 방침에 대해 불만을 터트릴 것입니다. 따라서 이 제도를 끝까지 밀고 나간다면 결국 회사는 크나큰 혼란에 빠질 겁니다."

하지만 발생 가능한 모든 문제를 감안해서 진행할지 말지를 판단하는 것이 경영자의 몫이다. 경영자는 '여직원을 활용'하겠다고 정했을 때 기대하는 성과와 '제도를 진행했을 때 발생하는 마이너스 요인'을 비교한 뒤 현명한 결정을 내려야 한다. 전자를 택했다면 리스크를 감수하고 진행할 수밖에 없다. 지금은 경영자가 된 I씨는 이런 판단의 중요성과 일단 판단한 것을 신속하게 처리하는 스피드의 중요성에 대해 침을 튀겨가며 이야기했다. 나 또한 그와 같은 생각을 가지고 있다.

어느 쪽을 선택하는 것이 현명한 일일까? 경영자에게 이 문제는 정답이 없는 영원한 숙제이다. '개혁'에서 발생하는 이익과 그와 동시에 발생하는 리스크를 비교해 어느 쪽이 더 큰지를 정확하게 예측할 수는 없다. '경영자의 판단'이 기업 경영에서 무엇보다 중요한 이유가 바로 여기에 있다.

'아무리 해도 진척이 없네. 바뀌지 않아……'라고 생각되는 상황에서 고민하고 있기보다는 한눈에 보이는 형태로 한번 바꿔보자. '양적 변화가 질적 변화를 쫓아가지 못할 수도 있다'는 말도 있다. 따라서 먼저 형태부터 잡아놓고 서서히 그 내면을 채우는 것도 하나의 방법이다.

19

눈에 띄는 자리 찾기

젊은 비즈니스맨의 경력 설계를 테
마로 하는 잡지를 읽다 보면 자격증 취득에 대한 기사가 하나쯤
있게 마련이다. MBA(경영학 석사)를 따자, CPA(공인회계사 자격
증)를 목표로, TOEIC 700점 획득 학습법 등.

이런 기사를 읽다 보면 '자격증을 취득하지 않으면 취업에
불리하다' 라든지 '자격증에 따라 연봉이 달라진다' 등의 문장
이 눈에 띈다.

예전부터 외국계 기업에 취직할 때는 유학 경험과 영어 실
력이 유리했던 게 사실이다. 하지만 이제 더 이상 유학 경험이
나 자격증을 최우선으로 감안하는 시대가 아니다. 그보다 더
중요한 것은 그 사람이 얼마나 실속 있는가이다. 즉 경력과 실

적을 더 중요하게 따진다.

하지만 전직을 하려는 젊은이나 사회 초년생에게는 이거다 하고 내놓을 만한 실적이 없다. 더구나 그런 사람이 면접에서 "나 자체를 보고 판단해 주십시오"라고 해도 그 사람의 내면과 가능성이 투명하게 보이는 것도 아니다. 따라서 몇천 명 혹은 몇만 명의 이력서를 검토하는 대기업의 경우 눈에 띄는 자격증이 유리하게 작용하는 것이 현실이다.

이럴 때 나라면 '역발상으로 내가 눈에 쉽게 띌 수 있는 곳에 가면 되지 않는가'라는 생각을 할 것이다. 그렇게 매해 만 명씩 응모하는 대기업보다는 열 명 정도 이력서를 받는 곳에 가면 눈에 쉽게 띌 뿐 아니라 업무 경험도 많이 쌓을 수 있다.

내 가능성을 키울 수 있는 곳

나는 지금 비즈니스스쿨에서 호텔이나 레스토랑의 경영 간부 양성 프로그램 중 하나인 인재론을 가르치고 있다. 배우는 학생 중에는 대학생도 몇 명 있는데, 어느 날 한 학생이 나를 찾아와 "취직하려고 하는데 고민이 있어서 조언을 좀 구하려고요"라며 상담을 청해 왔다.

이야기를 들어보니 그는 소위 업계 상위 3위권 안에 드는 유명한 외국계 호텔 중 하나와 지방에 있는 작은 규모의 비즈니스 호텔로부터 합격 통지를 받은 상태였다. 두 호텔 중 어느 쪽으로 가야 할지 고민하고 있었던 것이다.

나는 이렇게 물었다.

"장래에 어떤 일을 하고 싶나?"

"2년 정도 일한 뒤 코넬 대학교(호텔경영학과가 유명하다)에 들어가 경영 공부를 하고 싶어요. 그러고 나서 세계적인 호텔에 들어가려고요."

"그 정도로 목표가 확실하다면 유명 호텔에서 심부름이나 하고 있을 필요가 없지. 그보다 작은 규모의 비즈니스 호텔에서는 스스로 일을 처리하고 문제를 해결할 기회가 훨씬 더 많아서 좋을 거야. 실력과 경험을 쌓기에는 작은 곳이 훨씬 도움이 되거든."

내가 게이오프라자 호텔에 입사했을 때 동기 중 4년제 대학을 졸업한 사람은 세 명뿐이었기 때문에 4년제 대학을 졸업했다는 이유 하나만으로 나를 눈여겨보는 사람들이 많았다. 내가 만약 일류 기업이라고 불리는 곳에 입사했다면, 나를 주목하는 사람도 없을 뿐 아니라 20대에 인사제도 개혁안과 같은 중요한 일을 맡지도 못했을 것이다.

그런 점에서 대기업에 들어갔을 때 오히려 자신의 가능성이 줄어들 수도 있다는 것을 감안해야 한다. 작지만 나에게 적합한 기업에 들어가 팽이처럼 이리저리 굴러다니며 열심히 일하다 보면 스스로 발전하는 것은 물론 회사가 성장하는 데도 기여하게 된다. 그리고 이 일 저 일 하다 보면 자신이 정말 하고 싶은 일을 발견할 수도 있다.

자신의 가능성을 키우기 위해서는 작은 기업에서 사회생활을 시작하는 것도 좋은 방법이다.

20

능력 차이는 속도 차이

나는 개개인마다 문제 해결 능력 자체는 큰 차이가 없지만 업무 능력은 각각 큰 차이를 보인다고 생각한다. 실제로 부하 직원들에게 일을 시켜보니 '할 수 있는 사람'과 '할 수 없는 사람'의 차이가 뚜렷하게 나타났다.

그렇다면 그와 같은 차이가 나는 이유는 무엇일까? 바로 개개인의 반응의 차이였다. 반응이란 눈앞에 벌어진 상황에 대처하는 능력, 혹은 무언가 문제가 발생할 기미가 보일 때 얼마만큼 신속 정확하게 대응하는가이다. 이 점에 있어서는 개인에 따라 그 차이가 실로 크다.

이메일과 메모는 보는 즉시 처리한다

예를 들어 이메일을 받았을 때 보는 즉시 답장을 하는 사람이 있는가 하면, 미뤄두었다가 다음에 연락하는 사람이 있다. 이것은 어떤 문제가 발생했을 때 바로 대응해서 해결하는가, 아니면 잠시 생각할 시간을 가진 후에 조치를 취하는가의 차이와 같다. 문제 해결 능력에는 큰 차이가 없다 하더라도 얼마나 현명하고 빠르게 대응하느냐에 따라 결과 또한 큰 차이를 보일 수 있다.

부하 직원이나 동기가 어떤 문제에 대해 조언을 구할 때 시간을 두고 생각을 좀 해봐야겠다고 말하는 사람이 있다. 하지만 실제로 그런 사람들은 그 문제에 대해 곰곰이 생각한다기보다 문제를 껴안고 끙끙댈 뿐이다. 진척되기는커녕 단지 시간만 보내는 것이다. 마치 와인이 숙성되듯 시간이 문제를 해결해 줄 거라고 착각하는 것 같다.

모든 일을 그런 식으로 처리하다 보면 문제가 표면적으로는 언뜻 해결된 듯 보이지만, 본질적으로는 나아진 것이 전혀 없게 된다. 문제가 생겼을 때의 긴장감이 오히려 시간이 흐르면서 무뎌져 느끼지 못할 뿐 문제 자체가 해결되거나 사라진 게 아니기 때문이다.

이런 상태가 계속되면 여러 문제들이 쌓이고 곪아 터져서

꼼짝도 할 수 없는 상황에 맞닥뜨릴 수도 있다. 결국 어느 것 하나 해결하지 못하고 오히려 문제가 쌓이는 것이다.

한때 이메일이나 전화를 받는 즉시 답을 해주거나 상담 전화를 받았을 때 즉시 응하다 보면 원래 하고 있던 일의 흐름이 끊기고 생산성이 떨어진다는 말을 들은 적이 있다. 그래서 당시에는 즉시 처리하지 않으면 안 되는 시급한 일과, 2~3일 경과한 후에 해도 되는 일을 구분해서 진행하는 것이 효율적이라는 주장도 있었다.

하지만 인터넷과 이메일 등 정보통신기술이 이토록 잘 발달한 오늘날 그렇게 느긋하게 일을 한다면 며칠 못 가 일이 너무 많이 쌓여 손댈 엄두조차 내지 못하게 된다. 따라서 업무는 생기는 즉시 곧바로 처리하고 문제는 더 커지기 전에 해결해야 한다. 영리한 빠른 대응이 사회에서는, 특히 사회 초년생에게는 그 무엇보다 중요하다.

시간이 해결해 주지 않는다

머서 사 직원들은 메모가 남겨져 있으면 그 즉시 전화를 해야 한다. 그리고 이메일로 받은 문제나 업무에 대해서는 반드시 24시간 내에 답장을 해야 한다. 새로 들어온 직원들은 입사와 동시에 사내에서 지켜야 할 몇 가지 업무 규칙을 철저하게 교육받는다.

학창 시절 여름방학 숙제를 생각해 보자. 숙제는 어떻게 되겠지 하는 생각으로 미뤄두고 방학 내내 신나게 놀지만 결국 어느 누구도 내 숙제를 대신해 주지 않는다. 여름방학이 끝나갈 무렵, 이제 더 이상 미룰 수 없게 되었을 때 비로소 울면서 밤새워 숙제를 하지 않았던가.

싫다고 피해 봐도 결국 자신이 해야 할 일은 그대로 남아 있다. 결국 그 일은 내가 해야 할 몫이다. 그러니 미리 끝내놓고 마음 편하게 방학을 보내는 것이 현명한 선택이다.

이것은 누구나 아는 사실이다. 하지만 당장 실행에 옮기느냐 아니냐가 큰 차이를 낳는다.

 **21**

한 단계 점프, 자격증 따기

앞에서도 말했듯이 게이오프라자 호텔 인사부에서 근무하던 시절, 나는 인사제도 개혁에 관한 프로젝트를 진행하던 중 상부로부터 두 번이나 중단하라는 지시를 받았다.

두 번째 중단 지시를 받았을 때 나는 일에 대한 의욕을 완전히 잃고 두 달 동안 매일 저녁 퇴근 시간이 되면 칼같이 부리나케 호텔을 빠져나왔다.

그리고 집에 가도 특별히 할 일이 없어 무료함을 느끼던 터에 평소 하고 싶었던 공부를 해보리라 마음먹었다. 나는 네덜란드 주재원 시절부터 관심 분야였던 기업 경영과 조직 관리에 대해 공부할 좋은 기회라고 생각했다. 그래서 '중소기업진단사'라는 자격증을 취득하기로 결심했다.

자격증을 취득하기란 집중해서 공부하지 않으면 어려운 일이다. 그래서 중소기업진단사 자격증 취득을 전문으로 하는 학원을 찾아갔다. 중소기업진단사 시험은 경제학과 기업 경영 이론, 재무, 회계 등을 포함해 모두 일곱 과목을 치르는 1차 시험과 마케팅과 상품 판매 등 실무 중심의 2차 시험으로 이루어진다. 내가 다닌 학원은 매번 시험을 보고 석차에 따라 좌석을 정해 엄격하게 가르치는 곳이었다.

학원에서 나와 함께 강의를 듣던 학생들은 연령이나 배경이 모두 제각각이었는데, 그중 14~15명씩 그룹을 만들어 공부를 했다. 내가 속한 그룹은 중소기업진단사로 경영학 강의도 하면서 부동산 회사를 운영하고 있는 I라는 강사가 맡아 지도해 주었다.

I강사는 지독한 스파르타식 지도를 했다. 학생들은 모두 바쁜 사회인이기 때문에 공부할 시간이 아침밖에 없었다. 그런데 I강사는 우리에게 새벽 4시에 일어나 공부하라고 주문했다. 게다가 새벽 5시에 우리 그룹 사람들에게 무작위로 전화를 해서 공부하고 있는지 확인하기도 했다.

새벽부터 전화벨이 울리면 가족들이 잠을 설치기 때문에 우리는 매일 5시에 일어나 전화기 앞에 대기하고 있다가 전화벨이 울리자마자 수화기를 들었다. 게다가 I강사는 전화를 해서

수시로 질문을 했기 때문에 새벽 4시에 일어나 공부할 수밖에 없었다.

생각해 보면 대학 입학시험을 준비할 때보다 중소기업진단사 시험을 준비할 때 더 열심히 공부했던 것 같다. 중소기업진단사 시험은 합격률이 매년 20퍼센트를 밑도는 어려운 시험이었는데도 I강사 덕분에 우리 그룹은 전원 합격했다.

다른 그룹에서는 중도에 포기하는 사람들이 많았지만 우리 그룹은 공통된 목적을 가진 동료들로 똘똘 뭉쳐 서로 격려하고 때로는 선의의 경쟁을 하면서 공부했던 게 혼자 하는 것보다 훨씬 효과적이었다고 생각한다.

22

질문하는 습관 들이기

머서 사에 입사한 지 2년째 되던 해 나는 뉴욕에서 열리는 국제회의에 참석한 후 바로 보스턴에 갔다. 경영학으로 유명한 밥슨 칼리지에서 4주짜리 단기 유학 코스를 밟기 위해서였다.

머서 사에서 마련한 집중 강의였는데, 하버드 대학교와 같은 우수 대학 교수들을 초빙해 심도 있는 수업을 받을 수 있어서 좋았다.

그 시절 배운 것 중 가장 기억에 남는 것은 반복 질문을 통한 문제 해결법이었다. 문제가 생겼을 때 질문을 되풀이함으로써 해결할 수 있다는 것이다. 이것은 인도 출신의 마항이라는 교수에게 배운 것이다. 누군가 찾아와 "이러이러한 문제가

리스크 감수하기 4장 | **149**

있는데요"라고 상담을 청하면 마항 교수는 다 듣고 난 뒤 "그래서?"라는 한 마디만 하고 계속 수염만 만졌다.

그러면 상대방은 마항 교수의 대답을 기다리면서 이런저런 말을 하기 시작한다. 하지만 그 사람이 마항 교수에게 무슨 말을 해도 그가 들을 수 있는 말은 여전히 "그래서?"라는 한 마디뿐이었다. 이 방법 저 방법에 대해 생각하고 고민하면서 교수의 질문에 답하다 보면 어느새 상담을 하러 온 사람의 입에서 해결책이 하나둘 나왔다.

질문, 상황을 파악하는 법

컨설턴트는 고객에게 "그래서?"라고 되물을 수 없다. 하지만 질문을 되풀이하면서 문제의 본질을 찾아가는 방법은 의외로 효과적이다.

신출내기 컨설턴트가 가장 저지르기 쉬운 실수는 고객을 상대로 여러 가지 설명을 마구 해대는 것이다. 문제가 있어서 상담을 받으러 온 고객에게 일단 자신의 이론을 잘 설명하면 상대를 설득할 수 있다고 생각하는 모양이다.

하지만 이런 방법은 역효과를 초래하기 십상이다. 문제가 있어서 고민하는 사람에게는 오히려 그 당사자가 말을 많이 하게끔 만들어서 그 사람의 현재 상황과 사고방식을 내가 빨리 감지하는 게 먼저라는 것을 마항 교수를 통해 배웠다.

처음부터 그 사람의 사고방식을 바꾸려고 이런저런 설득을 하다 보면 오히려 반감만 사게 된다. 그래서 나는 마항 교수가 보여주었던 것과 같이, 여유를 갖고 상대방이 스스로 해결책을 찾아내도록 유도하는 문제 해결법을 선호한다.

이런 문제 해결법을 '필 포 게인peel for gain' 혹은 '필 포 페인 peel for pain'이라고 부른다. '필peel'이라는 것은 '(과일 등의) 껍질을 벗기다'라는 의미로서 '왜 그것이 문제인가', '그것은 정말로 큰 문제인가'라는 질문을 되풀이하면서 껍질을 하나씩 벗기다 보면 결국 사물의 본질에 다다를 수 있다는 의미이다.

하나의 문제를 해결함으로써 어떤 성과가 나타나는지를 나타낼 때는 '필 포 게인'이라고 하고, 그 문제를 방치함으로써 어떤 고통이 따르는지를 나타낼 때는 '필 포 페인'이라고 표현한다. 이런 방법으로 상담을 하다 보면 재미있는 일도 많다.

어떤 문제로 고민을 호소하는 사람들의 이야기를 들어보면, 막상 그렇게 중대한 문제가 아니거나, 문제의 본질이 전혀 다른 곳에 있는 경우가 많다.

최근에는 질문을 되풀이하면서 문제의 본질을 깨닫고 그 문제의 중요성을 금액으로 환산해 보라고 조언한다. "지금 우리가 돈으로 따지면 도대체 얼마짜리 본질을 찾아낸 건지 모르겠습니다"라고 말이다.

예를 들어 2억 엔의 가치가 있는 투자 안건에 대해 의논한다고 하자.

"어째서 지금 그 투자가 필요한가?"

"그 투자를 함으로써 A라는 문제가 해결되기 때문이다."

"그렇다면 A라는 문제를 방치했을 때 미래에 어느 정도의 손실을 입게 되는가."

"100억 엔 정도일 것이다."

"100억 엔의 손실을 방지하기 위해 지금 2억 엔의 현금이 빠져나가는 게 큰 문제인가."

이런 식으로 상담을 전개해 나가는 것이다. 그 문제를 해결하는 일이 과연 1000만 엔의 값어치를 가지는지, 아니면 1억 엔 혹은 100억 엔의 가치를 지니는지를 생각하다 보면 그 일이 얼마나 중요한지 명확하게 알 수 있다.

5

회사와 친해지기

 **23**

회사와 나는 동등하다

게이오프라자 호텔에서 인사제도
개혁 프로젝트가 난항 끝에 겨우 시행 단계에 접어들었을 때 내
나이는 서른을 맞이하고 있었다. 20대 후반을 인사제도 개혁 프
로젝트와 씨름하면서 보낸 것이다.

그렇게 노력하고 고생한 끝에 완성한 새로운 인사제도 개혁
안은 적지 않은 호평을 받았다. 매스컴에서 관심을 보였을 뿐
아니라 어느 대학에서 경영 과목 교재로 사용되기도 했다. 서
른 살 전후에 그렇게 큰 프로젝트를 완성하고 그것이 세간으
로부터 좋은 평가를 받음으로써 나는 더할 수 없는 자신감과
성취감을 얻었다.

인사제도 개혁 프로젝트를 진행하는 동안 탁월한 사전 교섭

능력으로 많은 도움을 주었던 F부장은 프로젝트가 끝나자 마케팅부로 돌아갔다. 그 후임으로 인사부장이 된 사람이 F부장과 동기인 W부장이었다.

W부장은 새로운 인사제도에 대해 이것저것 설명을 해도 알아듣는 건지 못 알아듣는 건지 알 수가 없는 사람이었다. 그런데 그무렵 '급승진'이라는 제도가 언급되었다.

급승진이라는 것은 연령과 학력에 상관없이 일을 잘하는 사람을 빠른 시간 내에 승진시키는 인사제도로 새로운 개혁안에 포함된 것이었다. 예를 들어 계장급에서 과장급으로 승진하려면 보통은 짧아도 4년 정도 걸리는데, 급승진을 적용하면 2년 만에 할 수 있었다. 게이오프라자 호텔의 경우 인사고과에서 2년 연속 상위권에 오르면 급승진할 수 있는 자격이 주어졌는데, 해당되는 사람이 나와 또 한 사람이 있었다.

W부장이 인사부로 온 지 며칠 후, 인사과장이 새로운 인사제도에 따라 이 두 사람의 승진 건에 대해 상담하러 W부장을 찾아갔다.

W부장은 인사과장에게 "과거에 선례가 있는가"라고 물었다. 새로운 제도에 선례라는 것이 있을 리 없었다. 그래서 과장이 "없습니다"라고 말하자 W부장은 "그러면 그만두게"라고 말했다. 나는 그 말을 듣고 '이제 이 회사는 더 이상 내가 있을 곳이 못 되는구나'라는 생각을 했다.

그런 생각을 하게 된 데는 한 가지 이유가 더 있었다. 인사제도 개혁안을 진행하고 있을 때, 나는 회사의 인사제도에 대해 많은 정보를 알게 되었고 본의 아니게 깊이 관여할 수밖에 없었다. 그런데 이게 바로 나의 약점이 되었다.

당시 서른 살이었던 나는 총지배인에 대한 평가를 어떻게 할 것인지, 다음 지배인은 어떤 인물이 적당할지 등에도 관여했다. 그런데 그 프로젝트가 끝난 뒤 내가 사내 인사 부문에 대해 너무 깊이 알고 있다는 사실이 알려져 오히려 불리하게 작용하는 듯했다. 프로젝트가 끝난 뒤 부장들 중 누구도 나와 일하려 하지 않았던 것이다. 나에게 업무를 주려는 사람도 없었고 내가 무슨 일을 하든 주의를 주는 일도 없었다.

그런 분위기에서 맡은 일의 양도 갑자기 줄어들었고, 결국 바쁘게 일하는 사람들 틈에서 나라는 존재가 완전히 방치되고 있었다. 그런 상황에서 한술 더 떠 전대미문의 고리타분한 상사를 만나게 되었으니, 나는 '이제는 호텔업계를 떠날 시기'라는 생각을 하게 된 것이다.

면접관을 면접 보다

나는 그때 중소기업진단사 자격증도 가지고 있었고 인사제도 개혁을 성공시켰다는 성취감도 있었다. 그리고 인사·조직 부문에서 실력을 인정받았으니 이제는 컨설턴트로서 스스로의 능력을 시험해 보고 싶은 생각도 들었다.

이 문제로 조언을 구하자 아내는 하고 싶은 일이 명확한데, 이런 상황에서 전직을 하지 않는 게 오히려 이상한 일이라며 기꺼이 찬성했다. 나는 아내의 응원에 힘입어 10년 정도 몸담았던 게이오프라자 호텔을 그만두었다.

나는 회사와 그곳에서 일하는 직원의 관계는 50대50, 즉 동등해야 한다고 생각한다. 직원은 그 회사의 가치를 높여주고 이익을 가져다주는 일을 하고, 회사는 그 대가로 개인에게 월급을 지불한다. 직원이 회사의 가치를 높여주는 역할을 못 하거나 회사가 직원의 가치만큼 대가를 지불하지 못할 경우에는 직원과 회사의 대등한 관계가 깨진다. 그럴 때 직원은 회사를 그만둘 시기라고 생각하게 된다.

전직을 결심했을 때 나는 인사조직을 전문적으로 취급하는 외국계 컨설팅 회사 한 곳과 머서 사에 입사시험을 보았다. 때마침 두 회사에서 동시에 사원을 모집하고 있었다.

게이오프라자 호텔에서 내가 담당했던 업무가 소개된 잡지기사의 복사본도 한 장씩 첨부했다. 양쪽 모두 서류 심사에 통과했다. 나는 머서 사가 아닌 다른 회사의 면접을 먼저 보러 갔는데, 약속 시간이 한 시간이 지나도록 아무런 설명 없이 면접이 지체되었다.

한술 더 떠 면접관이 겨우 도착했다고 생각했을 때 그 사람
은 내가 그날 면접을 보러 온 사람인 줄도 모르고, '누구지'라
고 묻는 게 아닌가. 나는 이처럼 체계가 잡혀 있지 않은 회사
에서 일하기는 힘들 것 같다고 생각하고 면접을 보지 않고 나
왔다. 입사 면접을 보러 온 사람에 대한 예의와 배려가 없는
회사와는 절대 동등한 관계를 가질 수 없다고 생각했기 때문
이다.

　반면 머서 사에 면접을 보러 갔을 때는 전혀 다른 분위기를
경험했다. 당시 사장이었던 O씨가 팔을 걷어붙이고 면접관으
로 직접 참가해 "환영합니다. 잘 오셨습니다"라고 인사했다.
그런 분위기 속에서 편안하게 면접을 볼 수 있었던 나는 케이
스스터디 시험까지 무사히 마치고 순조롭게 머서 사에 채용
되었다.

회사가 좋아하는 나, 내가 좋아하는 회사

　회사와 직원 사이에도 궁합이라는 것이 있다. 마음에 들지
않거나 스타일이 맞지 않는 회사에서는 제대로 능력을 발휘
하기 힘들다. 당장은 취직이 되어서 좋을지 모르지만 얼마 지
나지 않아 분위기나 업무에 적응하지 못하고 후회하게 마련
이다. 그런 의미에서 나와 머서 사는 시작부터 궁합이 좋았다.

지금은 채용되는 입장이 아니라 채용하는 입장에 있지만 나는 면접을 하는 사람과 면접을 보는 사람이 서로 동등한 위치에 있어야 한다고 생각한다. 예를 들어 최근 입사 면접 때 "시바타 사장님께서 쓰신 책을 전부 읽었습니다"라고 말한 사람이 있었는데, 내 경우 이런 사람들을 선뜻 채용하지는 않는다. 왜냐하면 면접관에게 잘 보이려고 애쓰는 사람은 입사하는 순간 자기만족에 빠져 더 이상 성장하지 않기 때문이다.

나는 입사한 사실에 만족하고 심부름꾼 노릇을 할 것 같은 사람보다는, 자신이 이곳에서 일하고 있기 때문에 머서 사도 가치가 올라간다고 생각하고 행동하는, 기개 있는 사람을 높이 평가한다. 사장인 내 입장에서는 회사에 이용당하는 사람이 아니라 회사를 이용해서 자신을 발전시키려는 사람을 뽑고 싶은 것이다.

24

인간관계 단순화하기

기업에 들어가면 사내 정치라는 것
이 있어서 좀처럼 자신이 생각했던 대로 되지 않는다거나, 자신
의 능력이나 적성과는 상관없는 논리로 평가받을 거라고 생각
하는 사람들이 의외로 많다.

특히 외국계 기업은 이런 성향이 더욱 심해서 일정 직급 이
상 올라갈수록 사내 인맥이 출세를 좌우한다고 말하는 젊은
이들이 많다.

이런 선입견은 맞기도 하고 맞지 않기도 하다. '한여름 밤의
귀신' 같은 것이라고나 할까. 한여름 밤 캄캄한 골목길을 가
다보면 뒤에서 귀신이 쫓아오는 것도 같고, 어두운 길을 빠져
나올 때까지 '나타날지도 몰라, 곧 나타나겠지' 하고 온 신경

을 곤두세우지만 실제로는 아무것도 없다. 그러니 입사하기 전부터 사내 정치에 신경 쓸 필요가 없다.

정치라는 것은 상호 이해관계를 조정하는 것이라고 생각한다. 어떤 일을 진행하는 것에 대해 기뻐하는 사람도 있고 그렇지 않은 사람도 있다. 기업이라는 조직에서는 그러한 이해관계를 조정해야 하는데, 이것은 리더의 역할이다. 젊은 사람들에게 맞는 역할이 아닐뿐더러 젊은 직원에게 맡기는 회사도 없다. 그러니 젊은 사람들은 사내 정치에 대해 불평하기보다는 자신이 하고 싶은 일을 하면서 앞으로 나아가는 것이 옳다.

분위기에 휘말리지 않기

내가 게이오프라자 호텔에서 사회생활을 시작했던 것이 현명한 선택이었다고 생각하는 이유는 그곳에는 사내 정치가 거의 없었기 때문이다. 게이오프라자 호텔에서 일할 때 접했던 인간관계는 복잡하기는커녕 오히려 단순했다.

하지만 대사관에서 일할 때는 전혀 달랐다. 하루 온종일 사내 정치에만 신경 쓰는 집단이라는 생각이 들 정도였다. 대사관에서 일하기 시작한 초창기에는 호텔과 너무 다른 환경에서 매일 그런 사람들에게 둘러싸여 있을 생각을 하니 눈앞이 캄캄했다. 이런 분위기를 없애볼 생각으로 이런저런 의견을 말해 보았지만 받아들여지지 않았다.

사람들은 왜 외국계 기업이 사내 정치가 심할 것이라고 생각하는 것일까. 경영 간부들이 막중한 책임을 맡고 있는 만큼 인사권 또한 강력할 수밖에 없기 때문이다. 일본의 경우 책임과 권한을 여러 사람에게 분배하는 기업이 많다. 하지만 이럴 경우 누구에게 책임이 있고, 어디까지 권한이 부여되는지 모호해진다.

외국계 기업의 경영 간부는 할당된 업무 실적을 완수하지 못하면 과감하게 직원을 해고해서라도 목적을 달성한다. 반대로 주어진 업무 실적을 달성하면 간부와 함께 그 밑에서 일하는 직원들도 승승장구하게 된다. 대개의 경우 CEO가 바뀌면 그 밑에서 일하던 직원들도 바뀌기 때문에 특히 높은 자리일수록 사내 정치의 움직임이 있는 것이 사실이다.

머서 사의 경우도 사내 정치가 없을 수 없다. 그것은 사람들이 모이는 조직에서 으레 생기게 마련이지만, 사원들이 그런 움직임에 말려들지 않도록 분위기를 만들어나가는 것이 또한 CEO의 역할이다.

25

사람 먼저 생각하기

네덜란드 주재 일본 대사관에서 근무할 때 가장 모순이라고 느꼈던 것이 하나 있다. 개인으로서 옳은 일이 조직으로서는 그렇지 않을 수 있다는 것이었다. 조직의 논리와 개인의 논리가 항상 일치하지 않는다는 것이다.

대사관은 기본적으로 토요일과 일요일이 휴일이지만 비상시를 대비해 직원들이 교대로 일직을 섰다. 한번은 일요일에 대사관에서 대기하고 있는데, 문을 쾅쾅 두드리는 사람이 있어 살펴봤더니 노부부가 대사관 대문을 두드리고 있었다.

다가가서 사정을 물어보니 암스테르담에서 지갑과 여권을 도둑맞았다는 것이다. 나는 사정을 더 자세히 물어보려고 두 사람을 대사관으로 들였다. 그리고 와들와들 떨며 불안해하는 그들에게 녹차와 주먹밥을 대접했다.

부부는 다음 주에 딸 결혼식이 있어서 무슨 일이 있어도 일본으로 돌아가야 한다고 거듭 말했다. 나는 직속 상사인 S씨에게 전화해 사정을 설명하고 여권을 발행해도 되는지 물어보았다. S씨는 "마음대로 하라"며 대충 대답했다. 나는 허락이 떨어졌다고 판단하고 노부부가 무사히 귀국할 수 있도록 절차를 밟고 공항까지 바래다줬다.

그런데 휴일이 끝나고 출근했을 때 나에게 떨어진 것은 상사의 불호령이었다. 첫 번째 이유는 휴일에 민간인을 대사관 내로 들였다는 것이었다. 스파이와 같은 위험 인물이었다면 어떻게 할 뻔했냐는 것이었다. 이 점에 대해서는 나 역시 그럴 수도 있겠다며 수긍했다.

두 번째 이유는 왜 허락도 없이 차와 주먹밥을 대접했냐는 것이었다. "그런 사람이 1천 명이 왔더라도 똑같은 대접을 할 수 있겠는가. 많은 인원에게 할 수 없는 일은 한 명에게도 하지 말라"는 것이었다.

그리고 마지막 이유는 왜 마음대로 여권을 발행했느냐는 것이었다. 나로서는 일단 바로 위 상사인 S씨에게 전화로 허락을 받았기 때문에 이 점에 대해 억울하다고 생각했다. 꾸중을 들으면서 S씨 쪽을 보니 그는 오히려 "그럼, 그러면 안 되지, 발칙하군"이라며 나를 혼내는 데 가담하고 있었다.

'이건 좀 너무하지 않나'라고 생각했지만 일이 이렇게 된 이상 내가 뭐라고 해봤자 소용없을 거라고 판단했다. 나는 꾸중을 달게 받고 "듣고 보니 그렇군요. 맞는 말씀입니다. 죄송합니다"라고 사과하고 그 자리를 떠났다.

조직의 논리와 개인의 논리

질책을 받은 뒤 억울한 마음에 평소 마음 맞는 사람들을 찾아가 "이런 일로 징계 처분을 받았는데, 내가 그렇게 잘못한 건가요?"라고 불평을 했다. 그러자 모두 나에게 좋은 일을 했다며 칭찬해 주었다. 개인으로서는 좋은 일을 했다고 칭찬할 만한 일이 조직의 입장에서는 아닐 수 있다는 것을 그때 깨달았다. 하지만 나는 조직이 아직 체계가 잡히지 않았기 때문에 이런 일이 발생한다고 생각했다.

내가 대사관에서 일하면서 느꼈던 또 다른 한 가지는, 같은 대사관 직원이라도 출신 기관이 다르면 정보를 공유하거나 신뢰 관계가 이루어지지 않는다는 것이었다. 나는 회계서무에 관련된 일을 하고 있었는데, 이것은 기본적으로 고관 비서들이 하는 일과 비슷했다. 그래서 나는 누가 어떤 안건을 담당하는지 대충 파악하고 있었다.

어떤 기관에서 온 사람이 가스미가세키에 있는 본청과는 중

대한 정보를 교환하면서도 대사관에 있는 다른 직원에게는 알리지 않는 경우가 많았다. 심지어 대사에게조차 보고하지 않는 경우도 있었다. "우리 기관에서 갖고 있는 중요한 정보를 외무성 사람들에게 노출할 이유가 없다"는 식이었다. 같은 나라 기관이 서로 신뢰하지 못한다면 정부기관이 제대로 기능하지 못하고 이것은 조직으로서 큰 문제가 아닐 수 없다는 생각을 여러 번 했었다.

이처럼 '저건 도대체 무슨 경우인가'라는 생각이 들 정도로 황당한 일들이 대사관에서 많이 일어났다. 그것은 조직의 형태나 인간의 사고방식으로 인한 문제였다. 그때 나는 이런 문제들을 방치할 것이 아니라 무언가 해결점을 찾아야 한다고 진지하게 생각했다.

그런 생각이 들면서부터 나는 경제와 관련된 일이나 매니지먼트에 관한 공부를 해놓아야겠다고 생각했다. 스포츠 신문이나 일간지만 읽던 나는 자비를 들여 경제 신문을 구독하고, 경제 경영 관련 책을 집중적으로 탐독했다.

1960년대 '프레더릭 테일러의 과학적 관리법'에서부터 시작해 '자발적 동기부여 이론'에 이르기까지 수많은 경제 서적을 닥치는 대로 읽었다. 조직의 일원으로서 일했던 경험과 연관 지으며 재미있게 읽었던 기억이 난다.

조직을 어떻게 하면 활성화할 수 있을까, 어떻게 하면 사람들에게 끊임없이 동기부여를 할 수 있을까 등 시행착오를 반복해 가면서 깨달아가는 과정들을 읽노라면 마치 슬라이드를 보는 듯했다. 어떤 대목은 감동적이기까지 했다.

나는 그런 지식들을 내 것으로 완전히 흡수해 버렸다. 그때까지만 해도 경영이란 '돈 계산' 정도의 이미지를 가지고 있었는데, 책을 읽으면서 금전적인 문제는 뒤따르는 것일 뿐 한 조직이 추구하는 비전과는 별개라는 것을 깨달았다.

비전과 추구하는 목표를 향해 달려가면 돈은 자연히 따라오게 마련이다. 단지 이익만을 추구하다 보면 조직원들의 얼굴에서는 웃음이 사라지고 지속적인 동기부여로 독려할 수 없다는 것은 자명한 사실이었다.

26

엘리트보다 강한 사람 되기

머서 사에서 작은 조직을 책임지고 있을 때였다. 그때는 규모가 작아서 젊은 직원이나 입사한 지 얼마 안 된 신입 사원은 상사나 선배를 따라 고객을 만나러 다니면서 세세한 것까지 하나하나 배웠다.

그런데 조직의 규모가 점점 커져 위계질서를 세우게 되자 고객을 만나러 가는 일은 직급 높은 사람들의 몫이 되어버렸다. 부하 직원들은 자료 준비와 같이 앞에 나서지 못하고 뒤에서 받쳐주는 일만 하게 되었다. 그러자 회사 내 젊은 직원들 사이에 피폐감이 돌기 시작했다. 문제를 인식하게 된 머서 사는 그때까지의 경영 방침이었던 톱다운top down 형식을 버텀업buttom up 형식으로 바꾸었다.

몇몇 IT 계열의 컨설팅 회사는 '파트너'라는 직급 밑에 매니저 이하의 컨설턴트들이 여러 명 배치된 형태로 조직이 구성되어 있었다. '파트너'의 한 마디에 군대처럼 일사분란하게 움직이는 조직 형태가 많았던 것이다. 하지만 나는 직원들 한 사람 한 사람이 적극적으로 일하지 않는 한 그 조직은 강해질 수 없다고 생각한다.

개인과 조직을 양쪽에 두고 생각할 때 개인이 강해지는 것이 먼저일까, 아니면 조직이 강해지는 것이 우선인가? 나는 단연코 개인이 먼저라고 생각한다. 개인의 의지가 없는 곳에 조직의 의지가 있을 수 없다. 닛산자동차의 카를로스 곤 사장도 말했듯이 개인이 높은 동기를 갖고 일해야만 조직이 성장할 수 있다. 그리고 그러한 분위기를 만드는 것이 바로 리더의 역할이다.

한 명의 CEO, 백 명의 CEO

개인의 의지와 조직의 의지에 대해 이야기하자면 조금 딜레마에 빠지기도 한다. 10년 전 내가 처음 입사했을 때 머서 사는 아는 사람만 아는, 거의 이름이 알려지지 않은 회사였다. 그래서 당시에는 개인 사업을 한다고 해야 할까, 좋게 말하면 창업가 정신을 가진 직원들이 많았다. 자기의 길은 스스로 개

척해 나가려는 의지가 강한 사람들이었다.

그런데 회사가 명성을 얻게 되면서 입사 면접을 보러 온 사람들이 하나같이 개성이 없고 그저 단정하게 차려입은 엘리트 스타일뿐이었다. 그들은 대부분 대기업에서 옮겨오려는 사람들이었다. 이런 사람들은 조직에서 일하는 데는 이미 익숙하지만 강하게 도전하고자 하는 의지가 부족하다.

나는 직원 개개인이 기업가 정신을 가지고 일하지 않으면 회사의 발전을 이끌지 못한다고 생각한다.

나는 이 점을 보안하기 위해 필요한 예산을 별도로 준비해 직원들을 대상으로 '계획, 실행, 검증'이라는 뜻의 'plan-do-check' 사이클을 시도했다. 그리고 조직의 인원수는 항상 약간 모자라다 싶을 정도로 구성한다. 나는 이런 조직 설계를 실제로 우리 회사에서 행할 뿐 아니라 대기업에 컨설팅하기도 한다.

개인의 의지를 북돋우는 데 무엇보다 중요한 것은 개개인이 그 일을 담당하는 당사자라는 주인 의식을 갖게 만드는 것이다. 그러기 위해서는 어떤 일이든 한 사람에게 완전히 맡겨 책임지고 해내도록 독려하는 것이 중요하다.

리더는 팀원들이 스스로 생각한 대로 업무를 완성하도록 훈련해야 한다. 과제를 주고 목표는 지시하되 그것을 이루는 방법은 스스로 찾아내도록 하는 것이다. 리더는 진행하는 도중에 몇 번 체크해 때로는 주의를 주는 정도가 좋다.

이런 훈련을 하면 개인의 의지와 능력이 훨씬 더 강해진다. 하지만 옆에서 지켜보는 리더에게는 상당히 힘든 일일 수 있다. 처음에는 일을 완성하기까지 많은 시간이 걸리기 때문이다. 하지만 강한 팀원을 만드는 데는 리더의 인내력 또한 필요하다.

리더가 하나하나 지시하면 일은 더 빠르게 완성할 수 있다. 하지만 조직 자체를 강하게 성장시키기 위해서는 멀리 돌아가는 듯해도 그것이 더 빠른 길이다.

내 생각대로, 내 방식대로

스스로 하도록 일을 맡긴 뒤 엄청나게 변화한 사람이 한 명 있다. 그는 머서 사에 정식으로 채용되기 전 일정 기간 동안 회사에 나와 실무를 보는 수습 사원이었다. 주위 사람들은 벌써부터 그가 정사원이 되지는 못할 거라는 평을 내리고 있었다. 그래서 내가 한시적으로 그를 맡게 된 것이다.

대형 은행에서 일했던 그는 본래 꽤 우수한 인재였던 것 같았다. 그러나 위에서부터 내려온 지시만 그대로 따르는 옛날 방식이 몸에 배어 스스로 생각해서 일할 줄을 몰랐다. 그가 작성한 프레젠테이션 자료를 보면 언뜻 잘 정리한 것 같지만, 자세히 살펴보면 다른 사람의 것을 모방하거나 그대로 베껴 쓴 것들이었다. "자네는 어떻게 생각하는가?"라고 물어도 그의 입에서는 아무런 대답이 나오지 않는다.

하루는 그에게 한 가지 안건을 제시해 주고 스스로 진행해 보라고 했다. 나는 아무런 지시도 하지 않고 그저 곁에서 지켜 보기로 했다. 그러자 그는 바로 나에게 "시바타 씨, 이것을 해 결하려면 어떤 툴을 써야 하죠?"라고 물었다. 나는 그의 머리 를 가리키면서 "툴은 여기에 있다"고 말했다. 그리고 "처음부 터 툴이라는 것에 얽매이지 말게. 그저 자네 머리를 써서 생각 해 보게"라고 덧붙였다.

그는 내 말에 꽤 충격을 받은 듯했다. 그리고 처음에는 쩔쩔 매며 힘들어하더니 3개월쯤 지나자 껍질을 한 꺼풀 벗겨낸 듯 완전히 다른 사람으로 탈바꿈했다. 지금은 한 지방자치단체 개혁파 도지사의 신임을 얻어 그 지역의 개혁 프로젝트를 진 행하고 있다.

이처럼 믿고 맡기면 처음에는 상사든 직원이든 둘 다 힘들 지만 자립성과 자발성을 기르는 데는 아주 효과적이다. 그렇 게 해서 스스로 성숙해지고 강해지는 것이다. 이것은 신입 사 원이나 젊은 직원들에게 더욱 더 중요하다.

미국 기업의 경영 방식을 보면, 어떤 업무에 대해 기본적인 진행 방법과 기술을 먼저 확정하고 그것을 표준화하는 경우가 많다. 그리고 그렇게 표준화된 진행 방법과 기술을 철저하게 훈련시킨다. 그것은 신입 사원이든 경력 사원이든 구별 없이 그 직장에서 일하는 직원이면 누구나 받아야 하는 훈련이다. 덧붙여 나이, 성별, 직위에 관계없이 성과가 올라가지 않는 사람들에게는 거침없이 '이 일이 당신에게 맞지 않는 것 같다'고 전직을 요구하기도 한다.

일본 기업의 경우 훈련이라는 것은 보통 젊은 사원들을 위한 것이지 중견 사원이나 경력 사원들은 필요 없다는 인식이 팽배하다. 그러나 현실에서는 업적이 좋지 않으면 자리를 잃게 되는 법. 젊은 사원들이 훈련을 받을 때 '나는 그런 훈련 같은 건 졸업한 지 오래'라는 생각으로 무시한다면 중견 직원들은 머지않아 젊은 사원들에게 자리를 내줘야 하는 상황을 맞게 될 수 있다.

미국 기업의 경우 실적이 좋지 않으면 가장 먼저 투입되는 방법이 교육과 훈련이다. 이것이 바로 미국과 일본 기업의 다른 점이다.

'맡겨야 성장한다'는 생각으로 개인의 능력을 다져놓은 뒤, 지속적인 훈련으로 그 위에 새로운 업무 기술을 차곡차곡 쌓아나가야 한다. 이제 기업에서는 이러한 체계적인 교육 사이클이 필요할 때이다.

회사와 친해지기 5장 | **173**

6

함께 일하기

27

나는 너를, 너는 나를 응원하기

컨설팅 회사는 스스로에 대한 자부심이 강한 사람들이 모인 조직인 만큼 직원들 사이에 경쟁 의식 또한 강한 편이다.

따라서 회사 내에서도 업무 분야가 다르면 친분을 갖기 어렵다. 이것은 엘리트 의식이 강한 사람들이 모인 조직일수록 흔히 볼 수 있는 현상이다.

하지만 머서 사는 조금 분위기가 다르다. 머서 사는 여러 분야로 업무가 나눠져 있지만 컨설팅 회사로서는 드물게 직원들 모두 사이가 좋은 편이다. 리더나 그 밑에서 일하는 직원들도 업무를 떠나 화기애애한 분위기 속에서 일한다.

외국계 컨설팅 회사치고는 굉장히 드문 일이지만, 머서 사는 사내 소프트볼팀도 있어서 얼마 전 아마추어 대회에 출전해 예선을 통과하기도 했다. 그때 나는 싱가포르에서 진행되고 있던 글로벌 회의에 참석하고 있었다.

당시 까다로운 안건을 토의하느라 회의장 분위기가 무척 가라앉아 있었다. 그런데 그때 우리 회사 소프트볼팀이 내 휴대폰으로 전화를 걸어와 "시바타 씨, 저희 예선 통과했습니다!"라고 큰 소리로 외쳤다. 그리고 주위에서 환호성을 올리는 소리가 들렸다. "잠깐, 지금 회의 중인데……"라고 말했지만 워낙 들떠 있어서 내 말이 들리지 않는 모양이었다.

나는 '어쩔 수 없이 이렇게 되었으니 회의에 참석한 다른 사람들에게도 들려주자'는 생각으로 스피커폰으로 바꿨다. 그러자 각국 대표들은 "어떻게 해서 그렇게 단결이 잘되고 의기충천할 수 있는 겁니까?"라며 의아한 눈빛으로 나를 보았다.

나는 직원들로부터 이런 전화를 받는 것을 상당히 좋아하는 편이다. 하지만 대부분의 회사에서는 상사와 부하, 즉 구세대와 신세대 사이에 의사소통이 사라진 것 같아 안타깝다. 이처럼 상하 교류가 단절된 데는 개혁이나 경비 삭감의 영향으로 사원들이 함께 회식을 한다든가 단합 대회를 목적으로 함께 여행을 가는 등 비공식적인 커뮤니케이션의 장이 줄어든 것도 하나의 이유가 될 것이다.

사내 동아리에 적극 참여한다

팀을 짜서 함께 일을 진행할 때는 의사소통과 신뢰 관계가 빠뜨릴 수 없는 중요한 요소가 되는데, 이것은 비공식적인 커뮤니케이션을 통해 형성되는 경우가 많다.

나이 든 사람들은 "요즘 젊은이들은 사교성이 없으니까"라고 말하고, 젊은 사람들은 "나이 든 사람들의 이야기는 너무 진부해"라며 서로를 멀리한다. 서로 마음을 터놓는 커뮤니케이션이 사라진 것이다. 하지만 그들이 그런 생각을 하게 된 것은 직접 경험했다기보다 매스컴 등으로부터 전해 들은 이차적 정보를 그대로 받아들였기 때문이다.

젊은 여성들은 비교적 선입견이나 이차적 정보에 그대로 빠지지 않는 편이다. 자신이 직접 느끼고 접한 일차적 정보를 믿는 경향이 강하다. 그렇기 때문에 세대에 연연하지 않고 여러 사람들과 커뮤니케이션을 하는 데 남성들보다 저항감이 덜하다. 어떻게 생각하면 여성들이 남성들보다 더 대담하고 쓸데없는 거부감도 없는 것 같다.

여자들은 남자들보다 정보에 더 민감하고 발빠르게 움직인다. 예를 들어 어떤 레스토랑의 음식이 맛있다는 소문을 들었을 때 남자들이라면 "그래?"라는 반응으로 끝내지만 여성들은 친구들과 함께 그 레스토랑을 찾아가 음식을 직접 먹어본다. 이차적 정보를 받아들이는 데서 그치는 것이 아니라 스스로의 눈과 혀로 확인하는 것이다.

나는 어떤 정보에 대해 스스로 직접 경험하거나 호기심을 가지고 확인하려는 자세를 높이 평가한다. 그러한 자세는 문제가 발생했을 때 어떤 식으로든 스스로 해결하려고 하는 도전 정신과 연결되어 있기 때문이다.

궁금한 게 많은 사람

이와테 현에 강의를 하러 갔을 때였다. 강의가 끝난 뒤 저녁 식사 겸 술자리에 초대받았다. 술을 마시는 내내 '모리오카에 오면 해장으로 자자면이 최고다'라는 말을 들었는데, 그때까지 나는 자자면이 어떤 것인지 전혀 몰랐다.

그때는 시간이 없어서 먹어보지 못했지만 어떻게 해서든 머잖아 모리오카를 다시 방문하면 반드시 자자면을 먹어야겠다는 생각을 했다.

한낱 음식을 가지고 그런다는 생각을 할 수도 있지만 나는 기본적으로 무슨 일이든 호기심을 가지고 즐기면서 하는 것은 굉장한 재능이라고 생각한다.

나는 요즘 들어 여러 가지 일에 흥미를 가지려고 의식적으로 더욱더 노력한다. 사람들은 나이가 들수록 자신이 경험했던 일이나, 이해할 수 있는 범위가 아니면 결코 흥미를 갖지 않는다. 그래서 자신만의 좁은 세계에 갇혀 넓은 세상과 단절하며 살아가는 사람들을 많이 봐왔다.

이런 현상은 사회적인 지위가 점점 올라가는 사람들에게서 더 뚜렷하게 나타난다. 나는 적어도 그런 사람들처럼 내 자신을 세상으로부터 밀어내려는 어리석은 행동은 하지 말아야겠다고 늘 다짐한다.

사내에서 어느 정도 지위에 올랐을 때 과거의 경험만으로 일을 해결하려는 사람이 많다. 물론 그렇게 했을 때 편한 점이 더 많을 것이다. 하지만 그런 상태가 지속된다면 한 인간으로서의 성장도 거기서 멈춰버리고 만다.

그런 사람을 상대로 새로운 사업을 도모해 보자거나 어떤 큰 개혁을 시도해 보자고 설득하기란 굉장히 어렵다. 특히 항상 똑같은 패턴으로 무난히 성과를 거두어온 사장에게 '새로운 일을 합시다'라고 아무리 말해 봐야 그들은 절대 받아들이지 않는다.

그렇게 보면 경영동우회 세미나에 참가했던 경영자들은 대단한 사람들이다. 그들 중에 새로운 제안을 포용하지 않는 사람이 없다. 모두 풍부한 경험과 더불어 개성이 넘치고, 나와 같은 젊은 사람들의 이야기에도 흥미를 갖고 집중하는 멋진 사람들이다.

연령대가 다른 사람들이 참석하는 회의에서는 자신의 의견만 계속 주장하고 다른 사람의 이야기에는 전혀 귀 기울이지 않는 사람들이 많다. 하지만 경영동우회 회원들은 하나같이 '시바타 씨 말씀이 맞아요. 그것에 입각해서 하나 더 덧붙여 내 의견을 말한다면……' 하는 식으로 다른 사람의 의견을 존중해 준다. 자신이 잘 모르는 부분은 겸허하게 인정하고 다른 사람으로부터 끊임없이 배우려는 의지가 강한 사람들이다.

무엇이든 항상 호기심을 갖고 모르는 부분에 대해서는 배우려는 자세를 유지해야만 나이가 들어도 '닫힌' 사람이 아니라 열린 사람으로서 젊은이들과 공유할 수 있고 늘 열정적으로 활동할 수 있다.

28

팀워크, 나와 다른 것 받아들이기

"서로 화합하여 어려움을 헤쳐나간다." 쇼토쿠 태자의 '17조 헌법'을 시작으로 일본인 사이에는 화합의 정신이 자리 잡고 있다.

그러나 나는 화합의 정신을 지나치게 왜곡하고 강요하다 보면 동질화에 치우치게 되고 거기에 부합하지 않을 경우 배척할 위험이 있다고 생각한다.

조직 내에서 반대 의견을 말할 때 주저한다거나, 부하 직원으로부터 반대 의견을 들었을 때 느끼는 불쾌감, 모난 돌이 정 맞는 꼴이 될까 봐 지나치게 몸을 사리는 분위기의 밑바탕에는 '화합'이라는 가치관이 자리 잡고 있다고 생각한다. '화합 정신'에 얽매여 꼼짝할 수 없게 된 것이라고 할 수 있다.

일본을 대표하는 기업에서 오랜 기간 국제 인사부 업무를 해온 사람이 다음과 같은 말을 한 적이 있다.

"화합과 팀워크는 언뜻 보기에 비슷하나 전혀 다르다. 화합은 '나'를 녹여 전체에 융화시키는 것이고 팀워크는 '나'를 존중하면서 팀원들과 타협하는 것이다. 일본인들은 대체로 이 두 가지의 의미를 구별하지 못하기 때문에 외국인을 장기간 고용하는 데 어려움이 있다."

외국인을 채용하지 않으면 국제적으로 비즈니스를 확장하는 데 어려움이 있다. 여기서 필요한 것이 '다양성의 포용'이다. 지금 국제적인 비즈니스를 추진하고 있는 기업들 사이에는 다양성의 포용이 주요 과제로 인식되고 있다.

주장은 하되 고집은 버려라

다양성이란 말을 들으면 언뜻 '여성의 활용'도 그와 같은 맥락이라고 생각하기 쉽지만 그것은 단지 '다양성의 효용'을 추진한 결과 중 하나일 뿐이다. 성별이나 연령, 국적, 종교, 직업을 비롯해 다른 인생관까지 수용하는 것이 바로 다양성의 포용이다.

다양성을 수용하는 것이 중요한 이유는 너무나도 뚜렷하다.

- 비슷한 가치관을 가진 사람들로 구성된 조직에서는 혁신적인 아이디어가 나오기 힘들다.
- 비슷한 가치관을 가진 사람들로 구성된 조직은 변화에 대응하지 못한다.
- 다종다양多種多樣한 세계시장에 대응하기 위해서는 공급자들도 다종다양해야 한다.
- 서로 다른 성격을 가진 사람들이 모두 기분 좋게 일할 수 있는 환경을 만들어야 조직이 유연하다.

'서로 다르다는 것을 받아들이는 것'과 '어차피 서로 다르니까 각자 일하는 것'은 완전히 다른 개념이고, 그렇기 때문에 팀을 구성하는 것이다. 팀이라는 것은 다름 아니라 그 팀을 구성하고 있는 사람들의 면면이 다양하다는 것을 전제로 서로의 차이를 존중하면서 힘을 합쳐 일을 진행하는 것이다.

하지만 팀을 구성해 어떤 일을 진행하기란 결코 쉽지 않다. 오히려 한 명의 리더가 이끄는 대로 따라가는 것이 훨씬 더 쉬울지도 모른다. 하지만 팀원들 모두 그러한 흐름에 동참하면 동질화를 강요하는 분위기가 되어버리고 만다. 그렇게 되면 진보하는 게 아니라 오히려 변화에 뒤처지고, 기업은 소비자의 욕구나 마켓의 흐름을 따라가지 못하며, 직원들의 불만이 늘어나게 된다.

그렇다면 팀워크를 현명하게 추진하기 위해서는 어떻게 해야 할까. 전통적인 가치관인 '화합 정신'을 버려야 하는가? 나는 그렇게 생각하지 않는다. '팀워크'와 '화합'은 결코 이율배반적인 것이 아니다. 오히려 그 둘은 공존해야 하는 것이다.

'서로 다름'을 인정하고 서로의 의견에 귀 기울이는 것이 중요하다. 그런 후에 자기 고집을 버리고, 개인적인 이익보다는 구성원으로서의 임무를 수행하는 데 더 효과적인 의사 결정을 내리기 위해 서로 끊임없이 의논해야 한다. 이때가 바로 서로의 차이를 존중하고 서로의 의견에 귀를 기울이면서 '화합 정신'을 발휘할 때이다. 그렇게 의논한 뒤 각자 업무를 수행할 때는 '화합 정신'에서 '팀워크'로 전환해야 한다.

그러면 어떻게 해야 '화합'과 '팀워크'가 공존할 수 있을까. 내가 가장 먼저 주장하고 싶은 것은 직원들 간의 '대화'이다. 모두 마음을 열고 거리낌 없이 자기 의견을 말하는 과정에서 서로에 대한 신뢰가 형성되고 더욱 효율적으로 일할 수 있다.

내가 가장 이상적으로 여기는 '조직'은 평가제도가 필요 없는 집단이다. 6개월에 한 번씩 상사와 부하 직원이 책상 앞에 앉아 '당신의 평가는 이렇고, 그 이유는 이렇다'는 말을 하지 않아도 '평소 당신에 대해서는 잘 알고 있다'는 식의 이해관계가 성립된 조직이야말로 이상적이다.

팀원들이 매일 서로 소통하며 일한다면 새삼스럽게 인사 평가와 같은 것은 하지 않아도 된다. 일이 어떻게 진행되는지 너무나도 잘 파악하고 있기 때문이다. 의사소통이 잘 되지 않기 때문에 인사고과를 매기기 위한 평가 자료를 만드는 것이다.

한 팀으로서 의사소통을 원활하게 하기 위한 가장 이상적인 방법은 마음을 열고 솔직하게 '대화' 하는 것이다.

29

내 방식 버리기

머서 사에 입사한 지 5년이 지났을 때, 나를 채용했던 O사장이 아시아 지점 대표로 승진하면서 나를 자신의 후임으로 추천했다.

상무이사가 된 지 1년밖에 안 된 나는 서른여덟 살에 머서 사 일본 법인 사장이 되었다. 당시 일본 법인에서 일하는 직원은 쉰 명 정도였다. 지금의 3분의 1도 안 되는 수준이었고, 내 나이는 회사 평균 연령에 지나지 않았다.

그때까지 나는 늘 상명 하달 식으로 일해 왔다. 위에서 내가 지시하면 부하 직원들이 일을 진행하는 것이다. 대학 시절 극단에서 연출을 할 때도 마찬가지였다. 단원들이 극본이나 연출에 대해 의견을 제시해도 나는 귀를 기울이지 않았다. 내가 생각하는 방향으로 밀고 나가는 것이 옳다고 생각했다. 하지만 그럴수록 탈퇴하는 사람들이 늘어났고, 그때마다 리더라는 자리에 대해 많은 고민을 했다.

더 거슬러 올라가 고등학생 시절 합창부 부장을 했을 때도 비슷한 경험을 했다. 당시 나는 전제군주적인 방식으로 합창부를 이끌었고 그 때문에 후배들에게는 꽤 두려운 존재였다. 많은 시간이 흘러 머서 사에 입사해 한 외국계 자동차 부품 회사의 일을 맡을 때였다.

그때 내가 만나기로 한 그 회사의 인사부 과장이 마침 고등학교 합창부 1년 후배였다. 내가 간다는 말을 듣고 그는 상당히 위축되어 있었다. 고객이었던 후배가 오히려 나를 더 어려워하는 상황이 되어버린 것이다.

머서 사에서 사장직을 맡기 전 인사·조직 컨설팅을 담당하는 부서를 책임질 때도 나는 완전한 상명 하달 식으로 일하는 리더였다. 내가 입사했을 당시 머서 사는 개인 사업을 하듯 일하는 사람들이 모인 조직이었다. 그런 사람들을 통제해 한데 뭉치려다 보니 내 방식을 철저하게 주입하게 된 것이다.

그때 내가 관리하던 컨설턴트는 15~16명 정도였다. 나는 그들에게 정보를 교환하는 법, 일을 진행하는 법 등을 내 방식대로 '이렇게 해라' '컨설턴트는 이런 식으로 일해야 한다'고 주입했다. 즉 동물 세계의 우두머리처럼 부하 직원들을 꼼짝

못 하게 하고 내 뜻에 따르도록 강요한 것이다.

연 날리기 매니지먼트

내가 바뀐 것은 상무이사가 된 후 인사·조직 컨설팅 이외의 부서까지 통괄하면서부터였다. 연금과 복리 후생을 담당하는 부서 사람들을 관리할 때는 전문성 면에서 내가 비집고 들어갈 틈이 전혀 없었다. 그도 그럴 것이 연령대도 나보다 한참 위인 데다 업무적으로도 그 분야의 전문가들이었다.

그런 사람들을 내 방식대로 통솔한다는 발상 자체가 무리였기 때문에 나는 다른 방법을 찾을 수밖에 없었다. 고민 끝에 강구해 낸 것이 바로 직원들의 이야기에 귀를 기울이고 각자 능력을 발휘할 수 있는 환경을 조성하는 것이었다. 그렇게 되면 조직 전체의 사기도 높아지고 서로를 존중하는 분위기가 만들어질 거라고 생각했다. 그런 나의 변화를 주위 사람들도 환영하는 분위기였다.

나는 사장이 된 후 보스처럼 이것저것 지시하는 경영 체제를 완전히 없앴다. 내가 아무리 사장이라고 해도 나보다 전문적인 지식을 더 완벽하게 소화할 수 있는 사람들을 내 방식대로 관리할 수 없다는 것을 깨달았기 때문이다.

'이제부터는 주입식으로 직원들을 관리하지 않겠다'고 생

함께 일하기 6장 | **189**

각했을 때 나는 주위 사람들에게 이렇게 말했다.

"이제부터는 연 날리기 방식의 관리를 할 것입니다."

각 컨설턴트들이 연이 되고 나는 연실을 묶는 역할을 한다는 뜻이다. 나에게 맡겨진 임무는 연이 창공을 높이 날아오르도록 풍향을 조절하고 환경을 만드는 것이다. 어떤 하나의 연이 제대로 날지 못하면 더 센 바람을 보낸다. 반대로 제멋대로 날려고 하는 연이 있으면 실을 끊어버릴 수도 있다. 나는 그렇게 모든 컨설턴트들을 뒤에서 지원하면서 통솔해 나가겠다고 선언했다.

"물론 연이 날아갈 방향은 제시할 것이다. 나는 머서 사의 입장에서 나아갈 방향은 제시하겠지만 실제로 나아가는 것은 여러분 각자의 몫이다"라고 말했다.

'연 날리기 방식의 매니지먼트'를 완벽하게 정착시키는 데 2년이 넘게 걸렸다. 나는 팀장이 명령하기보다는 팀원 스스로 능력을 발휘할 수 있도록 이끌어주는 경영 방식을 도입했다.

하지만 상명 하달 식에 익숙한 대부분의 직원들이 한동안 갈피를 잡지 못했다. 스스로 생각하고 행동하기보다는 위에서 내려온 지시에 따라 일하는 방식에 젖어 그렇게 간단히 바뀌지 않았다. 새로운 방식에 적응하지 못하고 머서 사를 떠난 사람도 있었지만 지금은 거의 모든 직원들이 연 날리기 방식의 매니지먼트를 익숙하게 받아들이고 있다.

30

쉽게 어울리기

조직이라는 것은 경제적 합리성과 인간, 두 축을 중심으로 움직인다. 경제적 합리성은 기본적인 논리에 근거하기 때문에 형태를 잡기가 비교적 쉽다.

즉 '1+1=2'와 같은 논리를 정하면 누구라도 쉽게 이 논리를 따라간다. 하지만 이러한 논리를 기본으로 하는 경제적 합리성은 한번 틀을 잡으면 그 형태를 바꾸기가 쉽지 않다.

반면 인간이 모여서 만들어진 사회라는 곳에는 항상 어떠한 변수가 생기게 마련이다. 즉, '1+1=2'라는 사실이 항상 적용되지는 않는다는 말이다. '이치는 그렇지만……'이라는 부분이 반드시 발생한다.

사람과 조직의 문제는 '그렇다 하더라도……'라는 불평이 계속 나올 수 있으므로 조직에 속해 있는 사람들의 비전, 각각의 가치관, 사고방식, 행동 양식 등을 모두 고려해야 한다. 경제적 합리성만을 고려하는 조직은 원활하게 움직일 수 없다.

'1+1=2'라는 경제적 합리성이 그대로 맞아떨어지지 않을 수도 있다는 것을 보여주는 가장 좋은 예가 M&A(기업 인수 합병)이다.

M&A를 진행할 때는 어떻게 해서든지 눈앞에 드러나는 제도적 문제, 즉 인사제도와 사원 규정, 업무 처리 방식, 정보 시스템 등의 통합을 우선 처리한다. 하지만 합병되는 기업에 속한 사람에 대해 소홀히 하면 합병 후 조직 자체가 와해될 수도 있다.

과거의 기준은 버려라

사람들의 뜻을 맞추기 위해 가장 먼저 해야 하는 일은 서로를 이해하는 것이다. 나는 이것을 '동화 순응화 프로그램'이라고 부른다. 이 프로그램은 이야기 마당을 만들어 임원들과 직원들이 모두 한데 모여 마음을 툭 터놓고 솔직하게 말하는 것이다.

인수 합병으로 한 회사가 되었다고는 하지만 서로 다른 회사였던 만큼 둘 사이에 차가운 기류가 흐르게 마련이다. 이때 터놓고 이야기할 수 있는 자리를 마련하지 않으면 주도권 전쟁이 끊이지 않게 된다. "제가 일했던 회사에서는⋯⋯"이나 "그건 아니죠. 우리 직장에서는⋯⋯"과 같은 식의 대화가 오고가는 분위기에서는 결코 하나의 기업이 될 수 없다.

합병과 같은 비상시 외에 경력 사원 채용이 많은 경우에도 직원들의 의사소통이 중요하다. 경력 사원을 많이 채용하는 것은 M&A를 여러 번 하는 것과 비슷하다. 왜냐하면 다양한 환경에서 일해 온 사람들이 모인 것이기 때문이다.

이런 경우에는 리더가 정책적으로 팀원들이 서로 소통할 수 있는 대화의 장을 마련해야 한다. 그렇지 않으면 모든 직원들은 하나의 조직 안에 있으면서도 물과 기름처럼 서로 겉돌게 된다.

머서 사도 거의 모든 직원들이 다른 분야에 몸담고 있다가 옮겨온 사람들이다. 따라서 '순응화 프로그램'을 다양하게 만들어 적극적으로 실행하고 있다.

31

얼굴 맞대고 일하기

외국계 기업에 대해 '외국인들은 냉정해서 인간관계보다 합리성을 먼저 따질 것'이라는 선입견을 갖고 있는 사람들이 있는데, 이것은 틀려도 크게 틀린 생각이다. 오히려 지금은 '페이스투페이스face to face' 커뮤니케이션의 중요성이 재평가되고 있다.

이런 흐름은 1990년대 후반 미국 경제가 호황기를 맞으면서 유행했던 '신경제론'에 대한 반동이라고 할 수 있다. 당시에는 IT로 인한 생산성 혁명으로 경제가 끝없이 성장할 거라는 논리가 시장을 떠들썩하게 했다.

그리고 인터넷과 이메일이 본격적으로 보급되면 일일이 얼굴을 맞대고 일할 필요가 없으므로 비용도 절감되고 생산성도 높일 수도 있다고 생각했다.

예를 들어 글로벌 기업에서도 프로젝트에 참가하는 각국 담당자들에게 연락할 때 이메일만 사용해라, 교통비와 아까운 시간을 낭비해 가며 얼굴 볼 필요가 뭐 있느냐 하는 생각이 팽배해 모든 연락이나 의사소통을 이메일이나 전화로 해결하는 규칙을 정하기도 했다.

시간과 금전적 비용만을 감안한다면 굳이 사람과 사람이 직접 대면할 필요가 없다. 하지만 이런 방식은 금방 허점을 드러내고 만다. 쉽게 드러나는 것이 팀 구성원들이 한 팀이라는 일체감을 느끼지 못하는 것이다. 더구나 상대방을 제대로 알지도 못하는 상황에서 이메일만으로 연락을 취하다 보니 오해가 생기게 마련이다.

절대 시간 공유의 법칙

현재 미국계 기업에서는 프로젝트를 진행할 때 마주 보고 의사소통을 해야 한다는 인식이 널리 퍼져 있다. 물론 프로젝트에 참가하는 모든 사람이 매번 함께 모여 회의를 할 수는 없다. 그래서 큰 프로젝트를 시작하기 전에 모두 모여 일에 대해 이야기하는 것뿐 아니라 함께 골프를 치거나 식사를 하면서 대화하거나 쉬는 시간을 이용해 친교를 다지는 경우가 많다.

그러한 과정을 통해 서로를 파악한 뒤에는 전화나 이메일로 연락을 취해도 큰 오해 없이 일을 진행할 수 있다.

이것을 나는 '절대 시간 공유의 법칙'이라고 부른다. 어떤 사람과 의사소통이 잘 되지 않거나 자신의 생각을 제대로 전달할 수 없다고 여겨질 때는 그 사람과 공유한 절대 시간이 부족하지 않았는지 의심해 봐야 한다. 상대방과 얼마만큼 시간을 공유했는지가 원활한 의사소통을 결정한다.

더 깊이 있는 소통을 하는 데는 전화나 이메일보다 얼굴을 마주 보고 하는 것이 더 효과적임은 말할 필요도 없다. 얼굴 표정, 목소리 톤, 몸짓에서 말하는 사람의 진의가 더 잘 나타나기 때문이다. 게다가 서로 마주 보는 시간이 길어질수록 성격을 파악할 수 있기 때문에 서로를 이해하기가 더 쉽다.

32

한 달에 한 번 거리낌 없이 말하기

요즘은 과거에 비해 상사와 부하 직원들이 퇴근 후 함께 술자리를 갖는 풍경이 눈에 띄게 줄어든 것 같다. 젊은 직원들이 마음을 열고 이야기하려 하지 않기 때문이기도 하지만 윗사람들이 오히려 더 꺼리는 경우도 많다. 세대 간의 단절이 날이 갈수록 더 심해지고 있는 듯하다.

한 설문 조사에 따르면 일본 젊은이들이 이상적으로 여기는 상사의 모습은 일본 야구팀 한신 타이거스의 전 감독 호시노 센이치와 닛산자동차의 카를로스 곤 사장이라고 한다. 이들처럼 있는 그대로의 모습으로 먼저 다가오는 윗사람을 좋아한다는 것이다.

한 조직에서 작은 프로젝트를 진행하면서도 서로 솔직하게 터놓고 대화하지 못한다면 그보다 더 큰 프로젝트는 더더욱 할 수 없다. 경영 환경의 변화가 이처럼 극심한 때에 서로를 신뢰하지 않으면 변화의 속도를 따라가지 못한다. 팀원 한 사람 한 사람이 물살을 가르며 노를 저어 목적지를 향해 갈 때 리더는 팀 전체를 책임져야 하는 상황에서, 마음을 터놓을 만큼 믿을 수 없는 사람을 같은 배에 태울 리 없다.

얼마 전에는 한 중소기업의 관리직들을 모아놓고 의식 개혁에 대한 회의를 진행한 적이 있다. 모두 그 회사에 입사한 지 평균 20년이 넘는 사람들이었다. 그런데 재미있는 것은 그들이 테이블에 앉자마자 가장 먼저 한 일이 옆자리에 앉은 사람들과 명함을 교환한 것이었다. 중년의 나이에 같은 회사에서 20년 넘게 함께 근무하면서도 제대로 알고 지내지 못했다는 생각을 하니 조금 서슬픈 기분마저 들었다.

예전에는 어느 회사든 선술집에서 선배들이 후배들한테 회사의 방침이나 일에 임하는 자세 등을 가르치곤 했다. 동료들끼리 모여 회사의 미래에 대해 열띤 토론을 벌이는 모습을 흔히 볼 수 있었다.

이런 문화가 없어진 지금 우리 컨설턴트들이 신경 써서 하는 일이 그러한 토론을 할 수 있는 자리를 주선하는 것이다. 같은 회사 직원들을 호텔이나 연수 시설에 모아놓고 허심탄회하게 토론할 수 있는 이야기 마당을 만드는 것이다.

7

리더 준비

33

실패 끌어안기

과거를 거슬러 올라가 보면 내가 처음 리더 역할을 맡은 것은 초등학교 4학년 학급 반장이 되었을 때였다. 내가 그때 반장이 될 수 있었던 데는 이유가 있었다.

초등학교 3학년 때 학교에서 단체로 소풍을 갔을 때의 일이다. 버스를 타고 이동하는 터에 차멀미를 하는 아이들이 많았다. 내가 평소 좋아하던 여자아이가 있었는데, 그 아이 옆에 앉아 있던 친구도 멀미가 심했는지 그 자리에서 구토를 하고 말았다.

나는 좋아하는 여자아이를 위해 신문지를 가져가 토사물을 닦아주었다. 그러자 그 여자아이가 나에게 이렇게 말했다.

"시바타가 왜 반장을 하지 않는 거야? 이렇게 친구들을 잘

도와주는 시바타가 반장이 되면 참 좋을 것 같은데."

그때 나는 남을 기쁘게 해준다거나, 남을 위해 봉사하는 사람이 리더라는 것을 어렴풋이 깨달았다. 나는 다른 사람을 도와주는 일이 싫지 않았고, 또 그런 사람이 반장이 되어야 한다면 내가 꼭 하고 싶다는 생각을 했다. 그로부터 1년 후 나는 적극적으로 나서서 학급 반장이 되었다.

리더의 자리가 편한가

'리더라는 것은 노력으로 만들어지는 것일까. 아니면 타고난 성격으로 만들어지는 것일까.' 이런 논제에 대해 지인과 의견을 나눈 기억이 있다. 결론부터 말하면 나는 천성적인 자질은 10퍼센트 정도이고 나머지 90퍼센트는 경험과 학습으로 완성된다고 생각한다. 아무리 리더로서 자질이 부족한 사람이라도 경험과 학습으로 채울 수 있다는 뜻이다.

천성적인 자질은 부족하지만 풍부한 경험과 학습을 통해 리더가 된 사람들은 반드시 행복하다고만은 할 수 없을 것이다. 어떤 사람이 나에게 "리더가 될 수 있는 천성적인 자질이 무엇인가?"라고 묻는다면 나는 이렇게 대답할 것이다. "리더라는 자리를 편안하게 느끼느냐, 아니냐"라고.

리더는 주위 사람들에게 신경을 쓰고 그들이 기뻐할 만한 일을 하며, 직원들을 격려하고 지원해서 그들이 한껏 능력을 발휘할 수 있는 환경을 마련해 주어야 한다. 자기 옷을 입은 것처럼 그러한 역할에 편안하게 적응할 수 있는 사람은 리더로서의 자질을 충분히 갖추고 있는 것이다. 자질 외에 필요한 기술은 경험과 학습을 통해 채워나가면 된다.

회사에 좋지 않은 일이 발생할 경우 회사 측에서 보통 "현재 조사 중이기 때문에 지금으로서는 공식적으로 발표할 단계가 아닙니다"라고 말한다. 하지만 이것은 참으로 무책임한 대처 방법이다. 어떤 문제가 발생했을 때는 최고경영자가 먼저 나서서 문제의 핵심에 무게를 두고 설명해야 할 부분은 자신이 직접 해명해야 한다. 담당자에게만 맡겨뒀다가 매스컴이나 피해를 입은 상대방의 압력에 마지못해 겨우 얼굴을 비추는 것은 회사로서 가장 좋지 않은 대처법이다.

내가 머서 사 사장으로 임명된 후 사내에 상당히 큰 문제가 발생한 적이 있다. 내가 입사하기 전부터 머서 사가 계속 담당해 왔던 한 기업의 연금 계산에 십수 년 동안 오류가 있었다는 사실이 발견된 것이다. 십수 년 전 그 프로젝트를 시작할 때부터 오류가 있었던 데다 제대로 체크하지 않아 그것이 점점 누적된 것이다. 설상가상으로 그때 그 일을 담당했던 직원도 오래전에 퇴사하고 없었다.

해당 고객 기업에서 항의를 한 것은 물론이었다. 일이 터지

202 | 25세부터 시작하는 경쟁력 프로젝트

자마자 나는 책임자와 함께 고객 기업에 급히 달려가 사과했다. 그리고 그 시점에서 판명된 사실과 머서 사의 대처 방식을 자세히 설명해 그럭저럭 문제를 수습했다.

당시 나를 동정하며 "10년 전 당신이 입사하기도 전에 남이 벌여놓은 실수 때문에 당신이 머리를 숙이려니 억울하지 않습니까?"라고 말한 사람도 있었다.

하지만 내가 이 일로 주눅이 들었던 것은 단 몇 초뿐이었다. 나는 직원들의 실패나 실수로 머리를 숙이는 것도 리더의 임무라고 생각한다. 또한 그런 일로 기분 상해서 늘 마음에 담아둔다면 리더로서 자격이 없는 것이다.

나는 당신을 위해 일한다

입사 이래로 나는 여러 훌륭한 리더들을 만나왔는데, 현재 내 보스인 E씨도 그중 한 명이었다. 캐나다인인 그는 겉보기에는 열 살 연상처럼 보이지만 나이가 나보다 조금 적다. E씨는 세계를 무대로 여러 나라를 방문해 최고경영자나 직원들을 만난다. 그런 자리에서 E씨가 상대방에게 자주 하는 말은 "I work for you"이다. '나는 당신을 위해 일한다'는 뜻이다. 또 E씨는 '내 역할은 당신을 지원하는 것이고 내 시간은 당신을 위해 존재합니다' 라는 자세로 사람들을 대한다.

나도 몇 년 전 그로부터 'I work for you'라는 말을 듣고 감동한 적이 있다. 그는 나에게 "당신이 하고 싶은 것이 무엇입니까. 그것을 위해 당신이 필요한 것은 무엇이며 내가 도와줄 수 있는 것은 무엇입니까"라고 물었다. 그때 나는 내가 그와 같은 지위에 오르면 반드시 그런 태도로 사람들을 대해야겠다고 다짐했다.

앞서 언급했듯이 나는 '인사·조직 컨설팅 부문 아시아퍼시픽 수석부사장'을 맡고 있다. 따라서 일본과 한국 등 동아시아부터 싱가포르, 말레이시아, 인도, 호주, 뉴질랜드까지 담당하고 있다.

아시아퍼시픽 전체의 의사소통을 원활하게 하기 위해 나는 각국을 수시로 방문한다. 각국 경영자들을 만나 그들의 계획, 경영관, 문제의식 등에 대해 이야기를 나누는데 나는 그들에게 항상 'I work for you'라고 말한다.

34

스스로 리더 되기

나는 인사조직 전문 컨설턴트로서 지금까지 기업 관계자들을 만날 기회가 많았다. 기업의 최고경영자나 인사 책임자들이 공통적으로 호소해 오는 고민거리는 "기업의 차세대를 짊어질 젊은 리더들을 어떤 식으로 육성해야 하는가"였다.

이것은 동서양은 물론 기업이나 관공서를 불문하고 모든 조직에서 공통적으로 갖고 있는 고민거리이다.

하지만 결론부터 말하면 나는 '리더라는 것은 인위적으로 키우는 게 아니라 스스로 크는 것'이라고 생각한다. 다만 조직은 리더로서 스스로 성장할 수 있는 장을 마련해 주고 그러한 환경을 조성하는 것이다.

리더 준비 7장 | **205**

나서는 사람이 주목받는다

일본 기업의 경우 직위가 높은 순서로 발언하는 풍습이 지금까지도 뿌리 깊게 자리하고 있다. 나는 직업상 여러 기업을 방문하는데, 상사나 선배 앞에서 당당하게 자신의 의견을 내세우는 직원들을 거의 보지 못했다. '모난 돌이 정 맞는다'는 속담처럼 튀는 사람을 수용하지 못하는 기업 환경 탓이다.

한 경제인 단체의 회의에 참석했을 때였다. 큰 회의용 테이블 앞에 경제계 거물들이 나란히 앉아 있고 그들 뒤로 사무국 직원들이 대기하고 있었다. 회의가 시작되고 회장이 연설을 끝낸 뒤 나는 질문을 하기 위해 초등학교 시절 쇼타쿠 선생님의 가르침대로 가장 먼저 손을 들었다. 그러자 한 사무국 직원이 나에게 다가오더니 "계획에 없는 발언은 금지되어 있습니다"라고 주의를 주었다.

누가 무슨 말을 하고 어떤 질문을 할지 등 회의 내용이 전부 정해져 있는 것 같았다. 경제인 단체의 회의가 관료 조직보다 더 관료적으로 진행되는 것을 보고 크게 놀랐다.

일본 회사와 미팅을 할 때 보통은 이사직부터 시작해 부장, 과장 순서로 위에서부터 차례로 발언을 한다. 어떻게 생각하면 참으로 아름다운 협력이기도 하지만, 대부분의 외국계 회사에서는 회의를 그토록 느긋하게 진행하지 않는다.

외국계 기업의 경우 이사, 과장 할 것 없이 모든 참석자들이 서슴없이 발언한다. 스스로 발언하지 않으면 아무도 기회를 주지 않는다. 스스로 나서지 않으면 자신의 의견은 영원히 빛을 볼 수 없다.

젊은 직원들이 자유롭게 발언할 수 있는 기업 문화가 정착되지 않은 것을 생각하면 일본 경제의 미래를 긍정적으로 바라볼 수 없다. 이런 분위기에서는 젊고 유능한 리더가 나올 수 없다.

신입 사원 때부터 자기 의견을 제대로 말하지 않으면 스스로 행동 범위를 좁히게 된다. 그러면 정작 발언을 해야 할 때 아무 말도 하지 못하게 된다. 리더로서 자질을 갖추지 못하는 것이다.

리더가 양성될 수 없는 환경에서 결코 훌륭한 리더가 나올 수 없고, 좋은 환경이 만들어지기를 마냥 기다리는 사람도 좋은 리더가 될 수 없다.

35

꿈을 가진 열혈 리더

"꿈이 있는 목표는 상상을 뛰어넘는 힘을 발휘한다." 이것은 내가 가장 좋아하는 구절 중 하나이다. 이 간단한 문장 하나가 불가능하다고 생각했던 프로젝트를 몇 개나 성공시켰다.

사회생활을 시작하고 15년, 20년이 지나면 대부분의 사람들은 꿈에 대해 이야기하는 것조차 쑥스러워한다. 꿈이라는 것이 먼 과거의 기억 속에 존재할 뿐 지금은 거의 사라져버린 것이다. 꿈은 젊은 사람들만의 것이고 자기와는 거리가 먼 일인 양 여기는 것이다.

이런 생각을 하는 것도 어쩌면 당연하다. 30대부터 40대까지 일에 푹 파묻혀 살다 보면 10년이 넘는 세월이 어떻게 지나갔는지도 모른다. 회사에서는 끝없이 펼쳐지는 업무와 전쟁을 벌이고, 집에 돌아오면 한참 크는 아이들과 연로하신 부모님 걱정에 정신적인 여유를 가질 틈이 없다. 이런 생활을 하다 보면 한가하게 꿈 타령을 할 게 아니라 당장 눈앞에 벌어진 문제나 해결하자는 생각이 앞선다.

10년 후를 그려라

윗사람에게 꿈이 없다면 젊은 사람들도 그 회사에서 비전을 찾기 어렵다. 대졸 사원 중 30퍼센트가 입사한 지 3년 안에 다니던 회사에 사표를 던진다. 내가 조사한 바에 의하면, 촉망받는 유능한 직원일수록 그만두는 경우가 많았다.

그들은 어째서 회사를 떠나는 것일까. 늘 녹초가 된 채 퇴근하는 윗사람들을 보면서 '나는 저렇게 되고 싶지 않다'는 생각이 들 것이고, 결국 '이 회사에 남아 계속 일하다가는 10년 후 내 모습 또한 저럴 것이다'는 불안감이 든다. 이런 분위기가 직원들의 조기 퇴직을 부추기는 것이다.

젊은 직원들이 오래도록 회사에 남아 잠재력을 발휘하고 회사를 발전시키려면 그들의 꿈을 경영해야 한다. 그러기 위해서는 윗사람들이 열정을 갖고 꿈을 이야기하고 그 꿈을 실현하고자 하는 모습을 보여주어야 한다.

훌륭한 리더의 대표적인 자질이라고 할 수 있는 카리스마를 가진 경영자들에게서 볼 수 있는 것은 다름 아닌 '꿈을 실행하기 위한 열정'이 넘친다는 것이다. 그런 경영자들을 보면서 '나도 열심히 해야겠다'는 의지가 저절로 생기는 것이다. 나는 이것을 '꿈 경영'이라고 부른다.

찬란한 내일을 보여주는 사람

그렇다면 '꿈 경영'을 실행하려면 무엇이 필요한지 구체적으로 알아보자.

조직을 통솔하는 리더들은 늘 눈코 뜰 새 없이 바쁘다며 '시간 없음'을 호소한다. 따라서 시간적 여유가 전혀 없는 업무 환경부터 개선해야 한다. '너무 바쁘다'는 것은 '창출해야 하는 아웃풋output(재화나 서비스)'과 '투입된 리소스resource(자원)'의 균형이 맞지 않을 때 발생한다. 이런 상황은 불필요한 아웃풋은 없는지, 일을 담당하고 있는 직원들의 자질에 문제가 없는지, 일을 진행하는 과정에 문제가 없는지, 세 가지를 검증해 봄으로써 해결할 수 있다.

서로의 꿈을 허심탄회하게 이야기하는 데는 회사 밖의 장소가 좋다. 하룻밤을 같이 묵으며 이야기하다 보면 보다 진솔한 대화가 오갈 수 있다. 회사의 비전이 자신의 꿈과 얼마나 일치하는지, 회사의 이익과 자신의 꿈이 배치되지는 않는지를 터놓고 이야기하는 것이다. 회사가 아닌 공간에서의 대화는 잠자고 있던 정열에 불을 지피는 좋은 기회를 마련해 준다.

리더들이 꿈을 가지고 일하는 모습을 보면서 젊은 세대의 직원들은 더욱 열심히 일하게 된다. 그것이 결국 조직을 강하게 만드는 원동력이 된다.

에필로그

생각대로 감각대로

최근 자주 듣는 이야기 중 하나가 '장래 유망한 40대의 퇴직'이다. 대기업에서 큰 활약을 해온 40대들이 회사를 그만두고 독립하는 움직임이 눈에 띄게 많아진 것이다.

지금의 40대들은 1980년대에 입사해 젊은 시절 회사의 성장을 직접 체험한 세대들이다. 그후 버블 경제가 붕괴하고 중간 간부로서 상당히 길었던 경기 침체 시기를 거쳐 오늘날에 이른 사람들이다.

그들 중에서도 제1선발대, 즉 입사 동기 중에서도 진급이 가장 빨랐던 사람들은 이제 몇 년 안에 임원 자리에 앉아 있을 자신의 모습을 머릿속에 그린다. 그런데 거기에서 그들은 잠시 망설이게 된다. '이 회사에 계속 있어도 괜찮은 걸까?' '임 원이야 되겠지만, 그것이 과연 행복한 선택일까?'

그때까지 전직 경험이 없는 사람들일수록 더욱 망설이게 된다. 내 주위만 봐도 유명 잡지사 편집장, 유명한 컨설팅 회사 파트너, 유명 호텔 경영부장, 대기업 영업부장, 시중은행 부장 등 많은 사람들이 부러워하는 자리에 있던 사람들이 과감하게 전직을 하거나 독립하는 경우가 상당히 많다.

이제 고등학교나 대학교에 진학하는 아이들 학비, 아직 몇 년이나 남아 있는 주택대출금, 지금까지의 안정된 생활을 잃을 수 있다는 불안감 등 40대의 '전직'을 주저하게 하는 요인은 얼마든지 있다. 전직이나 독립을 했을 때 지금보다 더 풍족한 생활을 누릴 수 있다는 보장은 없다. 오히려 더 불투명하다. 그런데도 리스크를 감안하면서까지 새로운 세계에 발을 내미는 사람들이 점점 많아지고 있다.

얼마 전 파리에서, 인재 평가 회사를 창업한 한 영국인과 대화할 기회가 있었다. 그 회사에서는 심리학에 치중하기보다는 사람들을 기업가, 회사인, 전문가 등 유형별로 나누어 평가하는 방식을 채택하고 있다고 했다. 문화적인 면에서는 어느 정도 문제가 있겠지만 세계 어느 지역을 막론하고 딱 들어맞는 방법이라는 것이다.

그의 말에 의하면 일본에도 분명 '기업가' 유형이 상당히

에필로그 **213**

많을 것이라고 했다. 지금까지는 대주주 경영자 외에 일반 기업에서 기업가 유형을 찾아보기 힘들었다. 하지만 유능한 40대의 퇴직이 속출하면서 그런 사람들이 많이 눈에 띈다.

그는 '기업가'로 분류되는 유형의 특징에 대해 상당히 흥미로운 말을 했다. "그들은 리스크에 대해 세밀하게 조사하고 결과를 정확하게 예견한 후에 움직이는 게 아니다." 오히려 그들은 '자신의 직감을 믿고 움직인다'는 것이다. 지나치게 리스크에 치중하다 보면 가야 할 길도 가지 못하게 된다.

이런 '리스크테이커risktaker(위험을 무릅쓰는 사람)'들이 이루어내는 결과는 조직 내의 평범한 사람들에게도 자극이 되어 대기업에서도 중간 간부나 심지어 젊은 직원들도 점점 빠져나가게 된다.

지금 20대들은 40대가 될 때까지 기다릴 필요가 없다. 나이가 적든 많든 자신의 감각을 믿고 움직이면 된다. 독립을 할 때 계획을 아주 상세하게 세울 필요가 없다. 1년 후 자신의 모습이 어떨지는 아무도 모른다. 단지 자신이 하고 싶은 일을 향해 나아가면서 방향감만 잃지 않으면 된다.

자신의 직감을 믿고 움직여라

나는 지금 '체인지 에이전트'라는 새로운 근무 운영 방식을 추진하고 있다. 이것은 머서 사에서 훈련받은 젊은 신입 사원이나 다른 회사 출신의 20대 젊은이들이 일정 기간 동안 특정한 조직에 파견되어 하나의 개혁안이 실행될 때까지 여러 가지 지원을 해주는 일이다.

머서 사와 같은 컨설팅 회사는 조직 개혁을 지원한다. 개혁을 디자인하고 그 개혁안을 실행해 나가는 데 필요한 모든 지원을 외부의 컨설팅 회사가 맡는다. 하지만 그 프로젝트를 끝내고 나면 그 다음부터는 기본적으로 그 조직이 자율적으로 '변화' 해 가기를 기대한다. 지금까지 컨설팅 회사의 역할은 거기까지였다.

하지만 '변화' 과정에는 상당한 에너지가 필요하다. 계획안은 우수하지만 조직의 기동력이 부족해서 본래 의도했던 대로 진행되지 않는다는 목소리가 여기저기에서 들려왔다. 이렇다 보니 계속해서 컨설팅 회사를 이용하려는 기업이 줄어들기 시작했다. 비용만 많이 들 뿐이라고 느낀 것이다.

여기에서 나는 컨설턴트를 고용하려면 많은 비용이 들어가는데, 비용을 줄이면서 효율적인 방법이 무엇일까 생각했다. 그래서 생각해 낸 것이 '체인지 에이전트' 였다. 조직 내의 직원들이 스스로 성장할 때까지 지속적으로 지원할 수 있는 역량 있는 직원을 파견하는 것이다.

'체인지 에이전트' 로 파견된 사원은 일정 기간 동안 그 회사 직원들과 똑같이 일한다. 그러면서 결과가 나타날 때까지 문제점을 찾아내고 진행 방향을 제시해 준다. 고객 회사에도 좋고, 파견된 컨설턴트도 엄청난 경험을 하게 돼서 좋은 방식이다.

이런 식으로 10년 정도 여러 조직에서 일하다 보면 경험이 쌓여 보통 사람이 30년이 걸려야 쌓을 수 있는 것을 10년 안에 이룰 수 있다. 그후에는 컨설턴트로서의 길을 계속 걸어가도 좋고 아니면 파견된 회사에 남아도 좋다.

앞으로는 이렇게 '체인지 에이전트'와 같이 과거에는 없던 방식들이 하나둘 생길 것이다. 어떤 종류의 일을 하든 자신의 감성이나 나아가려는 방향과 일치한다면 과감하게 도전해 보기 바란다.

무슨 일이든 직접 경험해 보지 않으면 모르는 일이다. 실패했다면 거기에서 배우면 된다. 그것이 크게 비상할 수 있는 원동력이다.